男はつらいよ　寅さんの人生語録　改

山田洋次・朝間義隆　作
寅さん倶楽部　編

PHP文庫

○本表紙図柄＝ロゼッタ・ストーン（大英博物館蔵）
○本表紙デザイン＋紋章＝上田晃郷

はじめに

寅《とら》さんシリーズを一本も見たことがない人がこの本を読んでも、面白くもおかしくもない、陳腐《ちんぷ》なセリフの羅列《られつ》でしかないだろう。

これらの活字が、寅さんの声で、さくらや博《ひろし》や御前《ごぜん》様、タコ社長のセリフまわしで生き生きと語られるのをイメージする時、はじめてこの本は楽しい読み物になるはずだ。

団子屋の裏手にある印刷工場で働く若い工員たちに、渥美清《あつみきよし》の寅さんが親愛の情をこめて、

「労働者諸君！」

と呼びかける時、あるいは甥《おい》の寅さんの愚行を眺めながら、森川信《もりかわしん》のおいちゃんが思わず、

「馬鹿だねぇ」

と溜息《ためいき》まじりに呟く時、観客席は爆笑に包まれる。

その言葉が何故おかしいかについては、とてもひと言やふた言では説明しかねるが、とも角、きわめて多くの、しかも複雑な内容が、その短い言葉で瞬間に観客に伝わることの、大きな満足感が笑いとなるのだ、といったようなことを遠藤周作《えんどうしゅうさく》さんにお聞きしたことがある。

もちろん、誰がしゃべってもいいというわけではない。大会社の社長が「労働者諸君」と叫んで労働者が喜ぶわけがない。渥美清が口にする時、はじめてこの言葉は深い奥行きとニュアンスを獲得するのだ。

ところで、この「労働者諸君」にしても「馬鹿だねぇ」にしても、私が脚本に書いたのではない。渥美さんや森川さんが撮影現場でふと口にしたアドリブである。御前様が寅さんの後姿を眺めながら「困った」と熊本訛《なま》りで呟くのも笠智衆《りゅうちしゅう》さんのアドリブである。

名優は、脚本家が及びもつかぬような素敵なセリフを現場で吐くものだ。長い年月をかけて民衆の暮しの中で練《ね》りぬかれてきた、味のある言葉について、名優は敏感なのだろう。
ついでに言うなら、「四《よ》ツ《つ》谷《や》赤《あか》坂《さか》麴《こうじ》町《まち》チャラチャラ流れるお茶の水粋《いき》な姐《ねえ》ちゃん立ちションベン——」で知られる寅さんのタンカバイの文句も、渥美清さんが少年時代に実際に大道で商売をしている香具師《やし》から素晴しい記憶力で聞きおぼえていたものを、ただ私たちが書き写しただけのことである。

山田洋次

目次

桜が咲いております。
懐かしい葛飾《かつしか》の桜が、今年も咲いております。

思い起こせば二十年前、つまらねえことで親爺《おやじ》と大喧嘩《おおげんか》、頭を血の出るほどブン殴られて、そのまんまプイッと家《うち》をおん出てもう一生帰らねえ覚悟でおりましたものの、花の咲く頃になると、きまって思い出すのは故郷のこと、……ガキの時分、鼻っ垂れ仲間を相手にあばれ廻った水元《みずもと》公園や江戸川《えどがわ》の土堤《どて》や、帝釈《たいしゃく》様の境内《けいだい》のことでございました。

風の便りに両親《ふたおや》も秀才の兄貴も死んじまって、今はたった一人の妹だけが生きていることは知っておりましたが、どうしても帰る気になれず、今日の今日まで、こうしてご無沙汰に打過ぎてしまいましたが、今こうして江戸川の土堤に立って、生まれ故郷を眺めておりますと、何やらこの胸の奥がポッポと火照《ほて》って来るような気がいたします。

そうです、私《わたくし》の故郷と申しますのは、東京、葛飾の柴又《しばまた》でございます。

（①男はつらいよ）

男はつらいよ

作詞：星野哲郎　作曲：山本直純　唄：渥美清

私生まれも育ちも葛飾柴又です
帝釈天でうぶ湯を使い
姓は車　名は寅次郎
人呼んで　フーテンの寅と発します

俺がいたんじゃお嫁にゃ行けぬ　わかっちゃいるんだ　妹よ
いつかおまえのよろこぶような　偉い兄貴になりたくて
奮闘努力の甲斐も無く　今日も涙の
今日も涙の日が落ちる　日が落ちる

ドブに落ちても根のある奴は　いつかは蓮《はちす》の花と咲く

意地は張っても心の中じゃ　泣いているんだ　兄さんは
目方で男が売れるなら　こんな苦労も
こんな苦労もかけまいに　かけまいに

男とゆうものつらいもの　顔で笑って
顔で笑って腹で泣く　腹で泣く

とかく西に行きましても
東に行きましても
土地土地のお兄貴さんお姐さんに
ごやっかいかけがちなる若造です
以後見苦しき面体　お見知りおかれまして
今日こう万端ひきたって
よろしくおたのみ申します

寅さん関係略図

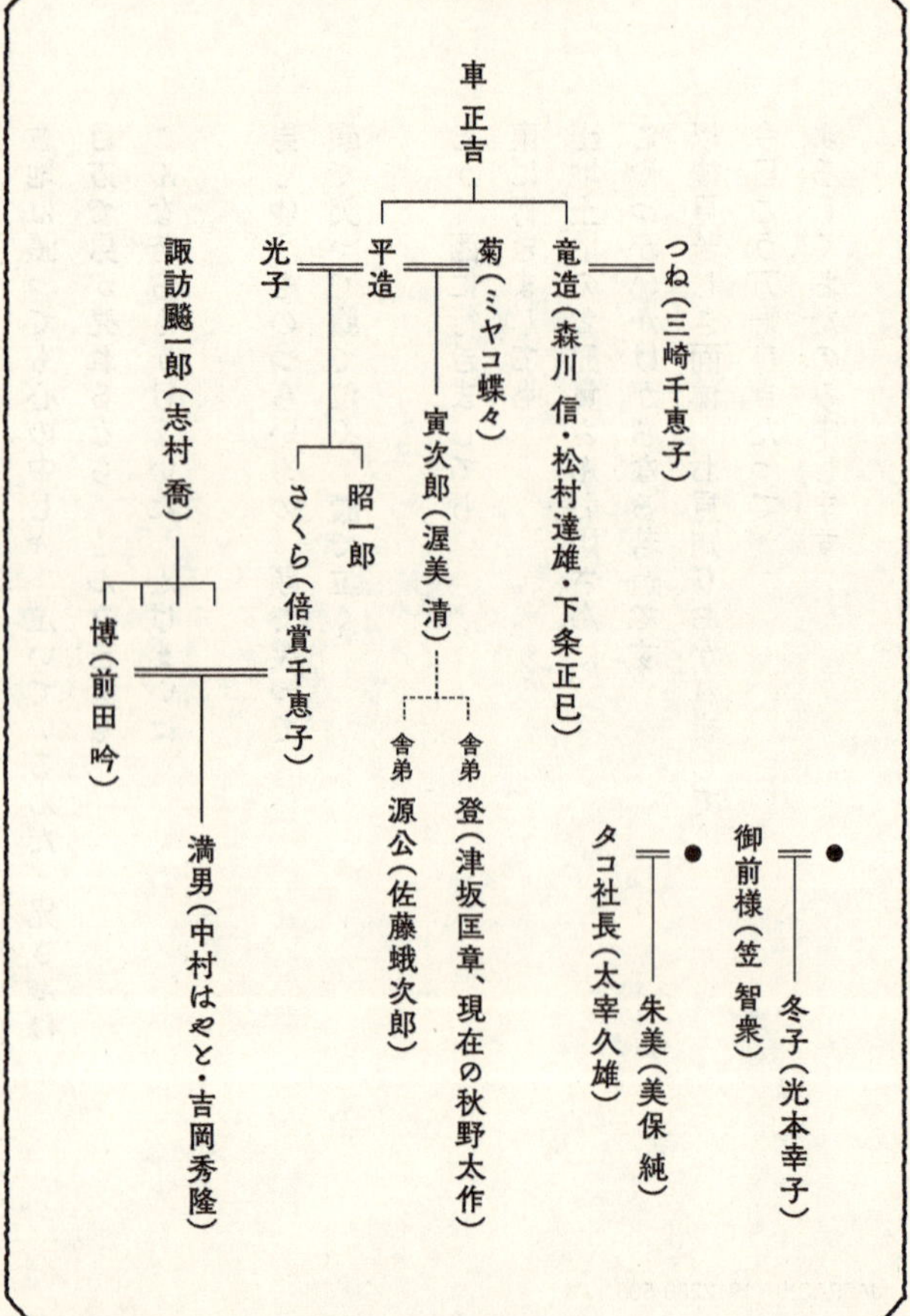

車正吉
竜造（森川信・松村達雄・下条正巳）
つね（三崎千恵子）
菊（ミヤコ蝶々）
平造
光子
寅次郎（渥美清）
昭一郎
さくら（倍賞千恵子）
諏訪飈一郎（志村喬）
博（前田吟）
満男（中村はやと・吉岡秀隆）
舎弟 登（津坂匡章、現在の秋野太作）
舎弟 源公（佐藤蛾次郎）
●
御前様（笠智衆）
冬子（光本幸子）
●
タコ社長（太宰久雄）
朱美（美保純）

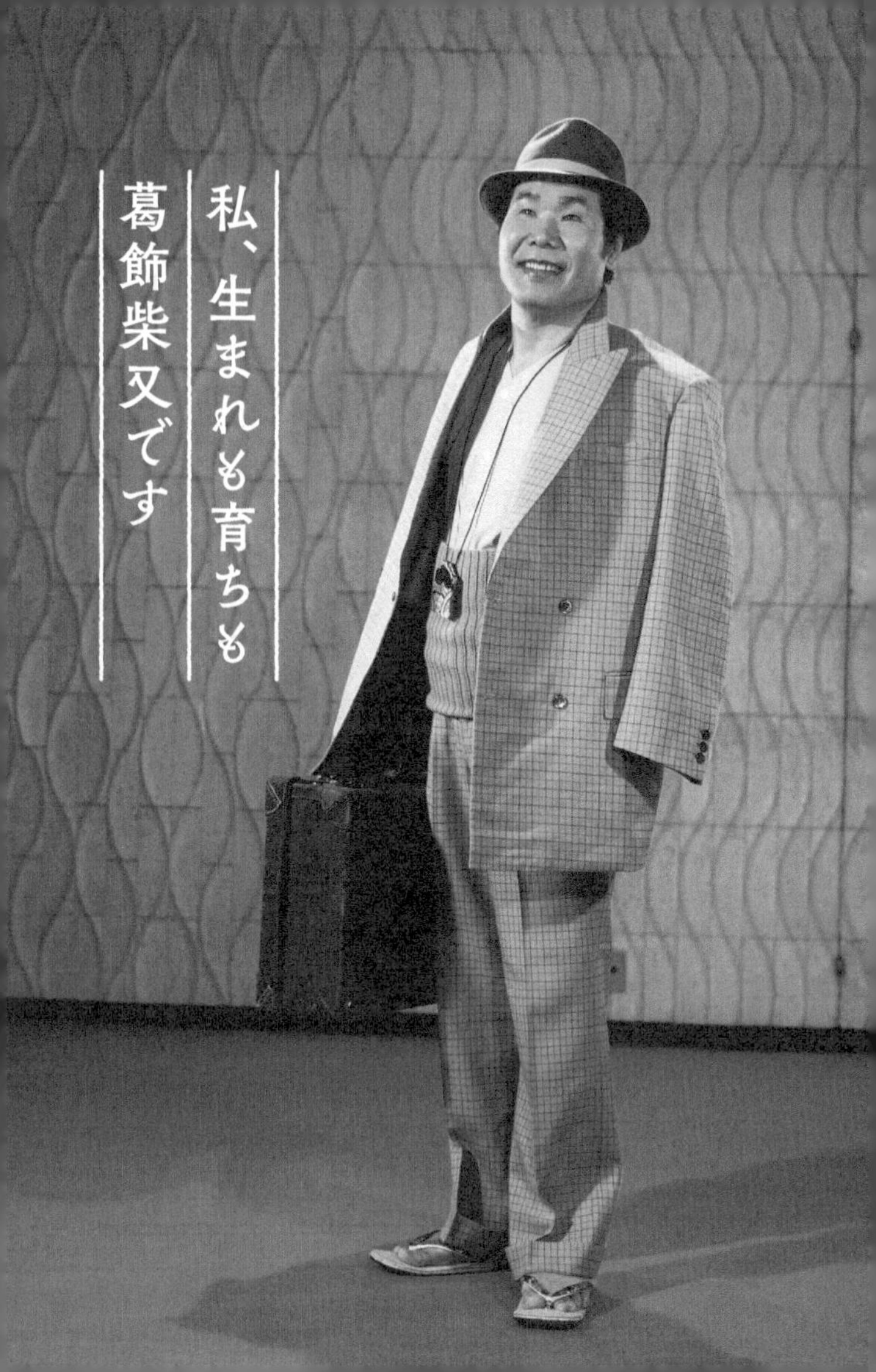
私、生まれも育ちも
葛飾柴又です

口上

さあ、ものの始まりが一ならば、国の始まりが、大和《やまと》の国《くに》、島の始まりは淡路島《あわじしま》。ねえ、バクチ打ちの始まりは熊坂《くまさか》の長範《ちょうはん》、どう。赤い赤いはなに見てわかる、赤いもの見て迷わぬものは、木仏《きぶつ》が金仏《かなぶつ》、石仏《いしぼとけ》だ、千里旅する汽車でさえ、赤い旗見てチョイと停《と》まると言うやつ。どうです、ねえ、続いた数字が二つ、ねえ、どう。兄さん寄ってらっしゃいは、吉原のカブ、仁吉《にきち》が通る東海道、憎まれ小僧、世にハバカル、なあ、仁木弾正《にっきだんじょう》、お芝居の上での憎まれ役、と言うの、続いた数字が三つ、ほら、三、三、六歩で引け目がない。三で死んだが三島のおせん、おせんばかりが女子《おなご》じゃないよ、京都は極楽寺坂《ごくらくじざか》の門前で三日三晩飲まずに食わずに野たれ死んだのが、三十三……続いた数字が四つ、四ツ谷赤坂麹町《よつやあかさかこうじまち》、チャラチャラ流れるお茶の水、粋《いき》な姐《ねえ》ちゃん立ちションベン……。

（⑭寅次郎子守唄）

いつ頃でしょうか……
風に誘われるとでも申しましょうか、
ある日、フラッと出ていくんです。

貴子（池内淳子）に次はいつ
旅に出るのかと問われて

⑧寅次郎恋歌

おい、こら、お前、誰に聞いているんだ。
恋をしたことがありますか？　よく言うよ、お前、
俺から恋を取ってしまったら何が残るんだ。
三度三度飯《めし》を食って屁《へ》をこいて糞《くそ》をたれる機械、
つまりは造糞器《ぞうふんき》だよ。
なあ、おいちゃん。

㉚花も嵐も寅次郎

今度はいつ帰るの。
桜の咲くころ、
それとも若葉のころ。
みんなで首を長くして待ってるわ。

さくらからの手紙

㊶寅次郎心の旅路

寅次郎に縁談。相手の家族からの電話におばちゃんが答える

「……えーと、本人の勤務先は、つまりその、何と言いますか……セ、セールスでございます。はい、ええ、……いえいえあの、確か出版関係のほうじゃないかと。はいはい、へ？　学歴？　……柴又尋常《じんじょう》小学校を卒業いたしましてね、それから葛飾商業を、え、こっちのほうは少し早めに卒業しまして……は、それから後？　いえいえもちろん東大なんかじゃございません、はい。ええ、早稲田大学でも慶応でもございません。その何と言いますかねぇ、つまり私どもの教育方針と申しますのは、その……、実力主義でございまして。はい、え、そうでございます……ええもうくだらない大学なんぞ出るよりも、ええ、そのほうがよっぽど……早めに社会に出しましてみっちり鍛えましたようなわけで……、は？　趣味？　ええ趣味のほうは……いえいえあの、旅行でございます。もう当人旅行が何よりも好きでね。はあ、年柄年中旅行しておりますよ、はい。へっ？　身体《からだ》？　いやもうそれだけは頑丈そのものでして、ええもう病気一つしたことございません」

帰れるところがあると思うからいけねえんだよ、
失敗すりゃまた故郷《くに》に帰りゃいいと思ってるからよ、
俺ゃいつまでたったって一人前になれねえもんなあ。

⑥純情篇

「寅の父親というのはね、なかなかの遊び人でね、
かみさんや子供達はずいぶん苦労させられたもんだ……
子供達と言っても寅は何というか、腹違いで、
はっきり言えば私生児のような形で生まれたもので……
まあ、可愛想《かわいそう》な生《お》い立ちですな、あれも」

御前様（笠智衆）の言葉

④新 男はつらいよ

おれは旅人だからな。
風の吹くまま、気の向くまま。
歩きながら考えるさ。

㊼拝啓車寅次郎様

「だれだってさ、
お兄ちゃんみたいな人間になりなさいって、
子供に言うわけいかないもんねえ。
……でもさ、お兄ちゃんは
何一つ悪いことしてないのよ」

寅さんみたいになっちゃうよ——近所の母親が子供を叱る時の決まり文句である。さくらもつらい

⑧寅次郎恋歌

親父はね、
私のことぶん殴る時ァいつも言ってたね、
お前はヘベレケの時つくった子供だから
生まれついてバカだとよう。
あんちゃん口惜《くや》しかったなァ、
酔っぱらってつくったんだもんな俺のこと。
……真面目《まじめ》にやってもらいたかったよ、
俺は本当に……。

①男はつらいよ

「惚《ほ》れたって無駄だってことは
ハナっから分かってるくせに、
どうしてまあ、ああトコトンまで
いっちゃうのかねあいつは……」

おいちゃんの言葉

④新 男はつらいよ

俺なんかどっちかって言うと
静かな女がいいねえ。
俺こうみえてもね、おしゃべりなんだよ。

㊲幸福の青い鳥

「――悪いことでもしたか。
いや、それ程の頭はないだろう」

寅次郎が運転手つきの車で帰郷した事を聞いた御前様の言葉

㉚花も嵐も寅次郎

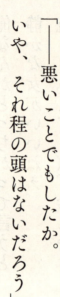

バカヤロウ。俺は男だい。
寂しさなんてのはなあ、
歩いている内《うち》に、
風が吹き飛ばしてくれらあ。

満男に寂しくなることはないかと問われて

㊹寅次郎の告白

葉書

拝啓、坪内冬子様、久しき御無沙汰をお許し下さいまし。故郷柴又を出《いで》しより一年余り、思えば月日のたつのは早きもの、風の便りに妹さくら出産の知らせを聞き兄として喜びこれにすぐるものなく、愚かしき妹なれど、私のただ一人の肉親なれば、今後共御引き立ての程、お願い申し上げます。尚、私こと、思い起こせば恥ずかしきことの数々、今はただ後悔と反省の日々を、弟登と共に過ごしておりますれば、お嬢様には他事ながらお忘れ下さるよう、ひれふしてお願い申し上げます。

①男はつらいよ

恥ずかしき事の数々

口上

さあ、手にはめた人、こう出してみて、どう？　ちょっと、このへん気分がよくない？　ほら、なんとなく体のちょうしが良くなって来るだろう、ね、ほら、お婆《ばあ》ちゃん、顔色がいい、ほっぺたも赤いよ。このお婆ちゃん、美人だねえ、えーほら昔は男をずいぶん泣かしたな、ちきしょうめ。私もね、日本国中ずうっと商売で旅してますけども、この町ほど美人の揃っている所はない、初めてだこんな美人のいる所は。うん、さあ、もうこうなったら、ただ！　この電子バンドどう、クチパクパク。ね。ただだよ。ただし、ただしだ、ね、私がここまで来た電車賃、それと貧しい弁当代、あと半口あけて待っているうちの馬鹿っカカア、これにいくらか持っていかなきゃなんない。ね、私も女房持ちなのよ、これが、またひどい女、あたしゃ女房にはずれたよ……。さ、どうお婆ちゃん手に取って見てごらん、これもいいよ、ねえ、さあ……。

（㉒噂の寅次郎）

また、
振られちゃったよ。

⑧寅次郎恋歌

寅次郎の縁談で、おいちゃんの言葉

「バカ、こっちが気に入るかどうかじゃないんだよ。
向う様が寅を気に入ってくれるかどうかが問題なんだよ」

⑬寅次郎恋やつれ

雲　水「誠に失礼とは存じますが、あなた、
お顔に女難《じよなん》の相《そう》が出ております。
御用心《おきをつけ》なさるように」
寅次郎「分かっております。物心ついてこのかた、
その事で苦しみぬいております」

吊り橋の上ですれ違った僧侶がふりかえって

㉒噂の寅次郎

兄の愚かさを嘆くさくらに、御前様の言葉

「いや、そんなことはない。
仏様は愚者《ぐしゃ》を愛しておられます」

㊴寅次郎物語

「だってお前、
金のねえ奴《やつ》がみんな不幸せだってんならさ、
この寅なんぞお前、生まれてから今日までずーっと
不幸せの連続じゃねえか」

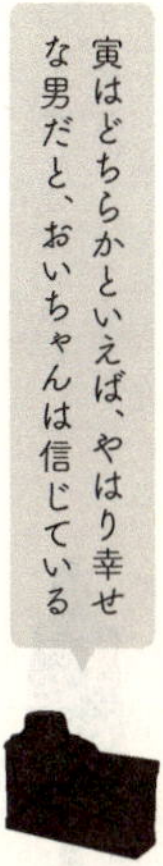
寅はどちらかといえば、やはり幸せな男だと、おいちゃんは信じている

⑬寅次郎恋やつれ

うん……
やっぱり……地道な暮らしはムリだったよ、
さくら。

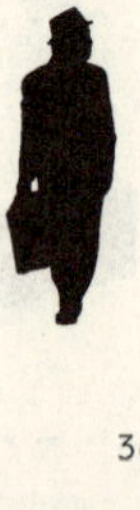
豆腐屋の娘との結婚、
堅気の生活への夢破れて

⑤望郷篇

早い話がさ、
俺の娘が、俺みたいな男と、
いっしょになるっつったら、
俺は絶対反対するからね、
おじちゃん、どう思う？

タコ社長から縁談を持ち込まれて

㉑寅次郎わが道をゆく

寅次郎「いや頭のほうじゃ判ってるけどね、
――気持のほうが、そうついてきちゃくれねえんだよ、
ねえ？　だから、これは俺のせいじゃないよ」
さくら「だって、その気持だってお兄ちゃんのものでしょう」
寅次郎「いや、そこが違うんだよ、早い話がだよ、
俺はもう二度とこの柴又へもどって来ねえとそう思ってもだ、
気持のほうはそうは考えちゃくれねえんだよ、
アッと思うとまた俺はここへもどって来ちゃうんだよ、
これは本当に困った話だよ」

⑥純情篇

なあに、社長の金の苦労に比べりゃ、
俺の色恋沙汰の苦労なんてのは、
屁《へ》みたいなもんだよ。

タコ社長に失恋を慰められて

⑭寅次郎子守唄

小学校へ入ったらさ、俺サーカスに入りたかった、
ね？　あの三角のテントさ、うん。
それで今度は忘れもしない、
中学の頃には、俺はテキ屋に憧れてね、ああ。
四ツ谷《よつや》赤坂《あかさか》麹町《こうじまち》、チャラチャラ流れるお茶の水、
粋《いき》な姐《ねえ》ちゃん立ちションベン、白く咲いたが百合《ゆり》の花——
へへっ、まあ、俺は俺なりのそおゆう貧しい小さな夢を
持ってたわけよ、
結局今はさあ、こうやって……
あ、ずーっとそれやってんのか。

㉑寅次郎わが道をゆく

散歩先生「俺が我慢ならんことは、
お前なんかよりも少しばかり頭が良いばかりに、
お前なんかの何倍もの悪いことをしている奴《やつ》が
ウジャウジャいるということだ……。
こいつは許せん、実に許せん馬鹿もん共だ、寅」

寅次郎「私《わたくし》より馬鹿がおりますか」

散歩先生（東野英治郎）は、寅次郎の葛飾商業時代の恩師

②続 男はつらいよ

全くの話、銭《ぜに》があれば、銭さえあれば、
私は今すぐにでも土産《みやげ》を買い込んで
故郷へ帰りたいのでございます。

④新 男はつらいよ

それが愛って
もんじゃないかい

口上

天に軌道《きどう》のあるごとく、人それぞれの運命を持って生まれあわせております。とかくネの干支《えと》の方は、終り晩年が色情的関係《しきじょうてき》においてよくない。ヒノエウマの女は家に不幸をもたらす。羊の女は角にも立たすなというが……当たるも八ケ、当たらぬも八ケ、人の運命などというものは誰にも分からない、そこに人生の悩みがあります。奥様、先程よりあなたは顔だけこちらを向いて足と体が向うを向いております、ということはこれから用をしにいかなければならないが私《わたくし》の話が気にかかります、なぜかというと、あなたの心に悩みがあるからです、ねえ、さて皆さん、こうやってここで話をしておりますチョンガーの身の上のこの私も、いつ、いかなる時絶世の美人とバッタリ出会うということも……。

(②続 男はつらいよ)

ほら、いい女がいたとするだろう。なあ？
男がそれを見て、ああ、いい女だなあ、
この女を俺は、大事にしてえ
――そう思うだろう、
それが愛っていうもんじゃねえか。

㊱柴又より愛をこめて

寅次郎「話はしない。
――テーブルの上にコーヒーがある、
静かな音楽、黙って聞く。
彼女が言うな、『おいくつ』。
そしたら、お前なんて答える」
良介「二十五」
寅次郎「バカ、砂糖の数だよ」

逢う、逢わない、逢う、逢わない、
逢う……
やっぱり逢うことになるか……

花占い。帝釈天境内にて

⑧寅次郎恋歌

信夫（河原崎健三）への恋愛指南

お手々をコタツの中に入れてるわけだ。
ね、お互いの手と手がスーッスーッて当たるわけよ、
そのうち相手もよ、
気のつかねえようなフリしてすっと手を引っ込めようとする、
シッカリその手を握るんだ。
いっとくけどな、決して相手の目を見ちゃいけねえぜ、
お手々だけ。これがコタツの恋よ。

男が女に惚《ほ》れるのに、歳《とし》なんかあるかい。

㊳知床慕情

恋に破れたマドンナ・かがり（いしだあゆみ）へ

誰をうらむってわけにはいかねえんだよね、
こういうことは。
そりゃ、こっちが惚れてる分、
向うもこっちに惚れてくれりゃあ、
世の中に失恋なんてなくなっちゃうからな。
そうはいかないんだよ。

㉙寅次郎あじさいの恋

亭主が女房に月給袋を渡す——いいねえ。

㉝夜霧にむせぶ寅次郎

源　公「でも兄貴、
愛があれば何とかなるんやないか」
寅次郎「それは若者の考えることだ。
俺ぐらいに分別が出てくると、
そうはかんたんにはいかない……」

㉜口笛を吹く寅次郎

浴衣《ゆかた》、きれいだねえ。

⑬寅次郎恋やつれ

歌子（吉永小百合）への万感の想い

いい女が泣くと、
笛の音《ね》に聞こえるんだなあ。
おばちゃんが泣くと、
夜なきソバのチャルメラに聞こえるんだな。

㉘寅次郎紙風船

「私を好きなの？
……口で言って」

三郎（沢田研二）へ、螢子（田中裕子）の言葉

㉚花も嵐も寅次郎

「いいじゃない。
何百万遍も惚れて、
何百万遍も振られてみたいわ」

リリー（浅丘ルリ子）の言葉

⑪寅次郎忘れな草

だから素人《しろうと》は困るんだよ。
心や気持で女が動いたらお前、
苦労はしないじゃないか、 そうだろう。

⑭寅次郎子守唄

「愛してるって言われて
不愉快に思う女がいると思う？」

真知子（栗原小巻）の言葉

㊱柴又より愛をこめて

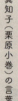

要するに女をつかむのは目だよ。ね。
そう言ったって最初からジーッとこんなふうにして見ちゃダメだよ。
ノッケから。色気違いと思われちゃうから。
だからね、なんつうのかなやっぱりこう、チラッと流すんだよね。
チラッと、こう流すんだよ。そうすっと、
こうやってる女の頬《ほ》っぺたに電波がビビビビッて感じるんだよ。
そうすると女もフッと見るじゃない。
見られたなァと思ったらね、フッと眼をふせるんだ。
そうすっと女は、あらっ？　と思うだろ？
そん時、バチッと眼《がん》を合わしたら、この目を絡ませるんだよ。
そしてうったえるように、縋《すが》るように、甘えるような目で
ジーッと見るんだよ。

①男はつらいよ

女に振られた時は、
じっと耐えて、一言も口をきかず、
だまって背中を見せて去っていくのが、
男というものじゃないか。

㉑寅次郎わが道をゆく

「理想なんてないの、
好きになった人が理想の人なの」

螢子（田中裕子）の言葉

㉚花も嵐も寅次郎

リリー「迎えに来てくれたの?」
寅次郎「バカヤロー、散歩だよ」

柴又駅でリリーに傘をさしかける寅次郎

⑮寅次郎相合い傘

「幸せな恋もあれば、
不幸せになる恋だってあるわけでしょう」

さくらの言葉

㉝夜霧にむせぶ寅次郎

何も言わない、眼で言うよ。お前のことを愛しているよ。
すると向うも眼で答えるな、悪いけど、私あんたのこときらい。
するとこっちも眼で答えるな。
分かりました、いつまでもお幸せに。
そのままくるっと背中を向けて、黙って去るな——
それが日本の男のやり方よ。

㉔寅次郎春の夢

「恋すんのと
できてんのと、
どう違うのよ」

おばちゃんの言葉

⑮寅次郎相合い傘

寅次郎の「好きなタイプ」

亭主が帰ってくる、
風呂が先か、酒が先か、
スッと面《つら》見て分かるようじゃなきゃだめだよ、ねえ。

③フーテンの寅

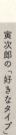

あれが惚れた相手に言うセリフかよ。えぇ？
わしとつきおうてください――
おかしい、おかしいよお前、え？
まるでチンピラの押し売りだよ、それじゃ。

天下の二枚目（沢田研二）の愛の告白を笑う

㉚花も嵐も寅次郎

さあ、別にとり立ててねえけどもね……
まあ、寝坊の女はいけないな、うーん。
朝こっちがパチッと眼ェさめて起きてもよ、
隣でもって
パカッと大口をあいて鼾《いびき》かいて寝ていられたんじゃ、
こりゃたまらねえからねえ。

③フーテンの寅

思い切ってなんでも言ったらいいさ、
惚れていますとか、好きですとか。

⑭寅次郎子守唄

「カッコなんて悪くたっていいから、
男の気持をちゃんと伝えて欲しいんだよ、
女は」

満男に説教する寅に反論するリリーの言葉

㊽寅次郎紅の花

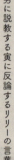

いいかい、恋なんてそんな生易《なまやさ》しいもんじゃないぞ。
飯《めし》を食うときもウンコをするときも、
もうその人のことで頭が一杯よ。
何だかこう胸の中が柔らかァくなるような気持でさ、
ちょっとした音でも、
例えば千里先で針がポトンと落ちても、ワアーッとなるような、
そんな優しい気持になって、いい、
この人のためだったら何でもしてやろうと、命なんか惜しくない、
ねえ寅ちゃん、私のために死んでくれる？　と言われたら、
ありがとうと言ってすぐ死ねる。
それが恋というものじゃないだろうか、
どうかね、社長。

⑩寅次郎夢枕

葉書

新年あけましておめでとうございます。
健吾様、美保様におかせられましては、
平和な正月をお迎えの事と存じます。
お二人の御幸福を心よりお祈り申上げます。
小生、相も変らず青い鳥を求めての
旅暮らしでございます。

正月元旦　　　　　　　　車　寅次郎拝

㊲幸福の青い鳥

貧しいねえ、君たちは

口上

そりゃ、私《わたくし》だって商売ですよ、家《うち》に帰りゃ女房《にょうぼ》子供が腹空《す》かせて待ってる、昔の仙人じゃあるまいしカスミの中からスーッと出て来てこんなことをしている訳じゃない、ちゃんとね、ネタもとという所があって、この道具を借りて来て店出してる訳だ、こんな易《えき》なんていうもので人間の運勢などというものが百発百中にあたる訳がない、私が言ってるんだから間違いはない。しかしね、お客さん、私はもうこの商売をもう十年やっている、なぜでしょう、十のうち九ツ間違っていてもたった一つだけ本当のことがあるからなんですよ、あなただってその一つにすがりたいような悩みがあるから私の話を聞いてるんだ、ねえ、お客さん。あ、そこのお兄ィさん、うーん、あなた親がいないねえ、怖ろしいなァ……あなた捨て子だったたね。

（②続 男はつらいよ）

寅次郎「おばちゃん、今夜のうちのおかずは何だ」
つ　ね「お前の好きなお芋《いも》の煮っころがし」
寅次郎「かあーっ、貧しいなあ、うちのメニューは。
もうちょっと何かこう心の豊かになるおかずはないかい、
たとえば厚揚げだとか筍《たけのこ》の煮たんだとか」

⑩寅次郎夢枕

まあ、こういう豊かな自然の中で
暮らしている君たちには、
ちょっと分かりにくいかもしれないけども、
東京のインテリの中では、
ひとかけらの愛情もなくても
夫婦の形をとってるものがいるんだよ、
いやあ、貧しいねえ。

㊳知床慕情

寅次郎「何だ、おいちゃん……何考えてんだ、うん？」
竜　造「お前と同じことよ」
寅次郎「イ、いい年して何だよ、……きたねえよ！
　考えてることが不潔だよ！
　まったくな、俺ァ恥ずかしいな、
　こんないやしい爺《じじ》ィが俺の身内だと思うとよお」
竜　造「何いってんだこの馬鹿、俺はただね、
　ああ今日も日が暮れたなと、ただそう思ってた
　だけじゃねえか、それが何できたねえんだい」

とらやの茶の間。夕子（若尾文子）が風呂をつかう音が聞こえている

⑥純情篇

健気な若菜（樋口可南子）のために一肌脱ごうとする寅次郎

だから何とかしてやりてえんだよ。
何不自由なく結婚がめあての
OLなんかじゃねえんだから。

おい、コラ、青年、
お前は大学を出なきゃ
嫁は貰《もら》えねえってのか。
ああ、そうかい、
手前はそういう主義か。

さくらへの想いに悩む博に

①男はつらいよ

堅気になった登に

俺とお前が兄弟分だったのは昔のことだ。
今はお前は堅気《かたぎ》の商人《あきんど》だぞ、俺は股旅烏《またたびがらす》の渡世人《とせいにん》だ。
俺がお前の家《うち》へ訪ねて来ても、
「私は今堅気の身分です。
あんたとは口をききたくありませんから帰ってください」——
お前にそう言われても、俺は「そうですか、すいませんでした」
そう言って引き取らなきゃならねえんだぞ。
それを何だお前、酒を買えの肴《さかな》を買えの、店をしめろのと。
そんな気持でもってこれから長い間堅気の商売ができるか。
——ほら、お客さんだ。

㉝夜霧にむせぶ寅次郎

寅次郎「バカヤロウ、あのお嬢さんが
ラーメンなんか作るかい、
手前の考えは貧しいからいけねえよ」
源　公「そいじゃ、何作るんだよ」
寅次郎「きまってるじゃねえか、スパゲッチーよ」

②続 男はつらいよ

貧しいねえ、君たちは。
二言目には金だ。
金なんかなくったっていいじゃないか、
美しい愛さえあれば。

㊸寅次郎の休日

一日中その顔をじいっと見てる。
……台所で洗い物をしている、
そのきれいなうなじを俺は見つめている。
針仕事をする、白魚のようなきれいな指先を、
俺はじいっと見惚《みほ》れる。買物なんかだって、ついていっちゃうよ、
八百屋で大根を値切っているその美しい声音に思わず聞き惚れる。
夜は寝ない。
スヤスヤとかわいい寝息をたてるその美しい横顔を
じいーっと見つめているな、俺は寝ない。
……いいんだよ、食わなくたって。
あんなきれいな人と一緒に暮らせたら、
腹なんか、すかないんだよ。

仮に美人の奥さんがいたなら

㉞寅次郎真実一路

「ちょっと待ってください。
物を持ってるから偉いとかって考え方は
違うんじゃないですかねえ」

博の言葉

⑪寅次郎忘れな草

長旅から帰ってくると
シャケの切身か何かでお茶漬けをサラサラッと食いてえからなあ。
あ、オシンコはなあ、たっぷり出しておいてやってくれよ。
どうも旅館の飯《めし》ってのは味気なくていけねえや。
長い旅ィしてるとほんとにオシンコが食いてえからなあ。
おい、源公、ヤカンにな、お湯を沸かしておいてやってくれ。

おいちゃん夫婦、さくら夫婦と満男が
めったに行けなかった旅行から帰る日

⑫私の寅さん

あー嫌《や》だ嫌だ。
これだから苦労をしてない人間と
話をするのは嫌《いや》なんだよ。え？
リリーという女がねえ、
どんなにつらい暮らしをしているか、
つまりおばちゃんのようなその、
中流家庭の婦人にはわからないの。

リリー（浅丘ルリ子）は、旅に明け暮れるキャバレー歌手

⑪寅次郎忘れな草

そうよ、人生は賭《かけ》よ。

⑥純情篇

女にはね、たしなみっていうものが必要なんだよな、
亭主の前でもってさ、
よくバタバタバタバタ、あたしおしっこに行こうなんて、
おばちゃんよくやってるじゃない、
ね、むっちゃうむっちゃうむっちゃうなんて、
そら、行っちゃいけないとはいわない、
行ってもいいんだよ、ただ男の気がつかねえように
スーッと用すまして帰ってくるっていう。
そういうたしなみが欲しいといってるわけだ。

③フーテンの寅

横《おう》柄《へい》な爺ィだねえ、
年よりはもうちょっと可愛みがなくちゃいけないぞ。
いつも家《うち》へ帰ってそんなふうなのか、
嫁さんのほうに同情しちゃうな、俺。

画壇の重鎮である老画伯（宇野重吉）と知らずに

⑰寅次郎夕焼け小焼け

初対面のひとみ（桃井かおり）に車に乗らないかと誘われて

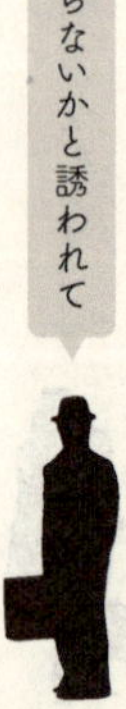

若い娘がな、
旅の行きずりの男を
そんな気易く誘っちゃいけないよ。
もし悪い男だったら、どうするんだ。
そうだろう。

㉓翔んでる寅次郎

ケッ、どこを突《つつ》くとお前、
そんなセリフが出るんだ。　えっ？
俺が貧乏なのは俺のせいだよ。
博が貧乏なのは経営者の手前のせいだぞ。

タコ社長を叱る

⑲寅次郎と殿様

立ち小便をタコ社長にとがめられて

朝から晩まで
仕事してりゃいいってもんじゃないよ、
お前。おてんとうさまが沈んだらね、
早めに寝てもらいてえな粋《いき》によォ、
へへっ、貧しいねキミらは。

①男はつらいよ

また夢かァ

口上

なあ、おばあちゃんよう、こんな立派な鎌倉彫りがねえ、わずかこんなお値段でお願いできるわけがないでしょう。こりゃ大きな声じゃいえないけどもねえ、神田はポックリ堂という大きな履物《はきもの》問屋がわずか何百万かの税金で投げ出した品物だよ、デパートでお願いしましたら、六百円か五百円する品物、今日はそれだけくださいとはいわない、ね、腹切ったつもり、どう！　四百、三百！　ああ、これで買い手がなかったら右に行って田子《たご》ノ浦《のうら》、左に行って三島《みしま》、右と左の泣き別れだ……ようし特別二百円！　おばあちゃん持ってけよホラ、どうおばちゃん、ホラ、え？

（⑦奮闘篇）

ほら、見な、
あんな雲になりてえんだよ。

⑨柴又慕情

「でもさ、お前の親父《おやじ》が死んだ時に、夢枕に出たんだぜ。
……俺が何か用かいって言ったらな、
寅とさくらのことはよろしく頼む、
特に寅の奴《やつ》は生まれつき馬鹿だから心配でしかたねえって、
哀しそうにそう言ってさ、すうっと消えちまったんだよ、
眼がさめたら汗ぐっしょりよ」

おいちゃんの言葉

⑬寅次郎恋やつれ

「私達夢見てたのよ、きっと。
ほら、あんまり暑いからさ」

リリー（浅丘ルリ子）の言葉

㉕寅次郎ハイビスカスの花

……先頭の舟には俺の棺桶だ、ね。

俺の野辺送りには、あの江戸川に屋形船の五艘も浮かべてもらいたいな。

二隻目には、さくら、博、他に親戚一同、あ、おいちゃんとおばちゃんは、その頃死んで、かたづいちゃってる。

あとの三艘には、ハッピ、ハチマキで身を固めた柴又神明会の威勢のいい若い衆。

それと、本所深川のきれいどころの姐さんを二、三十人、あと、笛、太鼓、三味線の鳴物も積み込んだ、さあ、出発だよ！

五艘の舟が江戸川を静かに下って行く、エンヤドット、エンヤドット、松島のォ、両岸で、いまやおそしと待っている花火屋が大筒にスーッとおもいをこめて、火をつけた、スススス、パーン、玉屋――。

パーッと散ったやつが、パラパラパラ……。

自分の葬式について語る

⑭寅次郎子守唄

「ホーム・ルームの時間にね、
先生が将来何になりたいんだって聞いたから、
音楽家になりたいって言ったんだ。
そしたら先生、バカにしたみたいに笑って、
そんな夢みたいなこと考えてないで、
もっと足元を見ろ——そう言うんだ」

満男の言葉

㉟寅次郎恋愛塾

「な、さくら、
子供のためには庭が欲しいな。
しかし二十坪の土地じゃなあ」

博の言葉

⑨柴又慕情

「そんな人生もあるのねえ。
明日何をするかは明日になんなきゃ
決まらないなんて、いいだろうなぁ」

演歌歌手はるみ(都はるみ)の言葉

㉛旅と女と寅次郎

はあ、明日っから、お姉さんと二人きりかあ——
何だか参ったなあ。
差し向かいで、ゴハンを食べる。
お互いに意識しているから言葉が少ない、
「静かな夜ですねえ」「そうですわね」——また沈黙が流れる。
たまりかねて姉さんが、「あの、私《あたし》、休ませていただきます」
「あ、どうぞ」「お休みなさい」丁寧にあいさつしてそこを出て行く。
ひたひたひたひたひたひたひた——廊下を歩く足音。
お姉さんは風邪を引いているから、かるく咳《せき》をしている。
コホンコホンコホン。
俺は横になってここで静かにそれを聞いている……
まずいなあ。いくら広い屋敷とは言え同じ屋根の下、
世間が黙っている訳がない、ましてこんな小っちゃな島だ、

噂は島中にパッと広がる――

「おい、聞いたかい、寅のやつが、お藤さんと怪《あや》しいらしいぜ、へぇ……」

こんな噂を聞いて、俺は黙ってここにはいられない。

「お姉さん、長い間お世話さまになりました。あっしはこれで失礼いたします」

「あら、寅さん、もういらっしゃるの」

「はい」

「あなた、世間の噂に負けたのね、私は平気なのに」

――そんなこと言われたら、俺、たまんねえなァ。

平戸島にある藤子（藤村志保）の家で

⑳寅次郎頑張れ！

上等上等、あたたかい味噌汁さえありゃ充分よ。
後《あと》はおしんこ、海苔《のり》、鱈子《たらこ》一腹、ね、
辛子《からし》のきいた納豆、これにはね、
生ネギをこまかく刻んでたっぷり入れてくれよ、
あとは塩こんぶに生玉子でもそえてくれりゃ、
もうおばちゃん、何にもいらねえな、うん。

「そりゃあお前、
俺は満州で馬賊《ばぞく》になるつもりだったからな」

おいちゃんの若かりし頃の夢

㉑寅次郎わが道をゆく

「いいなあ、伯父《おじ》さんは。
大学落ちたら、伯父さんの弟子《でし》になるか」

満男の言葉

㊵寅次郎サラダ記念日

「寅の奴《やつ》が帰って来たんだよ。
それがいつもと違って元気いっぱいで何だか幸せそうな顔してさ、
ズカズカと俺ん所に来て、いきなりこう言いやがったんだ。
『おいちゃんよ、長い間心配かけたけどとうとう結婚したよ』って
――まあ俺それきいたら胸がいっぱいになっちまってさ、
そりゃあよかったな、って一言言ったと思ったら、あとは涙よ」

おいちゃんが見た夢を回想して

⑬寅次郎恋やつれ

リリーの言葉

「夢じゃ食えないからね」

⑮寅次郎相合い傘

ケッコー毛だらけ
猫灰だらけ

口上

ケッコー毛だらけ猫灰《ねこはい》だらけ、お尻のまわりはクソだらけってねえ、タコはイボイボ、ニワトリゃハタチ、イモ虫ゃ十九でヨメに行くと来た、黒い黒いは何みてわかる、色が黒くてもらい手なけりゃ山の烏《からす》は後家《ごけ》ばかり、ねえ、色が黒くて食いつきたいが、あたしゃ入歯で歯が立たないよと来やがった……どう？　まかった数字がこれだけ、どう？　一声千円といきたいね、オイ！　ダメか？　八百！　六百！　ようし！

腹切ったつもりで、五百両と、もってけオイ！

（⑥純情篇）

さからってますよ、
十六歳の折《おり》からずーっとさからってますよ、
俺は。

⑧寅次郎恋歌

寅次郎「俺は別に悪いことなんかしちゃいねえからな」

さくら「そんなんじゃないのよ、国勢調査よ」

竜　造「これ書かねえとなあ、日本の人口からはずされちゃうんだぞ」

さくら「そうよ」

寅次郎「はずされたっていいよ」

雪駄《せった》っつぅ物はね日本古来の履《はき》物《もん》だ、
あっしはこれを履《は》いてね、
パリだってロンドンだって
あたしは平気で行きますよ。

寅次郎は、しかし飛行機が嫌い。ついでに新幹線も苦手

④新 男はつらいよ

竜　造「どうだ、えっ？　こたえたか。
これは俺が殴ったんじゃねえんだぞ、
俺のゲンコじゃねえんだこりゃあ、
死んだてめえの親父《おやじ》のゲンコだぞ」

寅次郎「笑わせるなあっ、親父のゲンコはもっと痛かったい！」

①男はつらいよ

歓迎されたい気持はあるよ。
だけど、おいちゃん、
俺はそんなに歓迎される人物かよ。

旅先からとらやへ帰って

⑧寅次郎恋歌

幸せな男が
ダンゴとビール一緒に食うかい。

美保（志穂美悦子）に謝りに来た
健吾（長渕剛）のおかしな注文を見て

㊲幸福の青い鳥

株っていうのは、一枚いくらなんだい？
今百円ぐらいするのかい、え、
あの～、競《けい》輪《りん》と一緒で？

㉞寅次郎真実一路

博　「いいですか、勉強をして眼が悪くなって、その結果、眼鏡《めがね》をかけるんですよ。眼鏡をかけたからと言ってね、勉強したことにはなりませんよ」

寅次郎「気分だって言っているんだ、気分から入るんだからさ。ね、新しい褌《ふんどし》をすれば体中だってキリッとするじゃないか」

⑯葛飾立志篇

冗談じゃないよ、
朝っぱらからパンなんか食えるかい、
もぐもぐして喉《のど》につっかえちゃうよ。

アメリカ人がとらやに下宿することになって

㉔寅次郎春の夢

この野郎、女だとか愛だとか
ハチの頭だとかアリのキンタマだとか
ゴタク並べやがって、
おい、手前要するにさくらのことを
女房《にょうぼ》に貰《もら》いてえんだろう？

①男はつらいよ

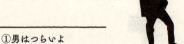

リリー「幸せにしてやる――？　大きなお世話だ。
女が幸せになるには男の力を
借りなきゃいけないとでも思ってんのかい。
笑わせないでよ」

寅次郎「でもよお、女の幸せは
男次第だってんじゃないのか」

初恋の人に再会し、自らの不甲斐なさを嘆く兵頭（船越英二）に、リリー（浅丘ルリ子）と寅次郎の言葉

⑮寅次郎相合い傘

若　菜「秀才よ、法律の勉強してるの」
寅次郎「へーえ、悪いことでもしようってのか？」

若菜（樋口可南子）の隣室に住む法律家志望の青年（平田満）について

㉟寅次郎恋愛塾

あ、皆さん、私は早いんだよ、
早飯《めし》早糞《ぐそ》芸のうちってね、見せたいぐらいだな。
座ったと思ったらペロッとケツ拭いちゃうから……。

さくらの見合いの席で

①男はつらいよ

赤ん坊を抱えて帰京、とらやは大騒動になる

いいか、これが俺の実の子だったら
いちいちウンチが柔らかいくらいで
こんな大騒ぎはしやしないよ。
これはお前、他人様の子なんだよ、
もしこの子に万が一間違いがあってみろ、
お前弁償できるか。

⑭寅次郎子守唄

誰が手前に産んでくれって頼んだ。
俺ゃ手前なんかに産んでもらいたくなかったい、
ひりっぱなしにしやがって、
ひとのことほったらかして雲がくれしやがって、
手前それでも親か！

やっとめぐり逢えた実母の菊（ミヤコ蝶々）に

②続 男はつらいよ

それじゃなにか、真面目《まじめ》な男っていうのは
女に惚《ほ》れないのか。
じゃ俺なんか総合的に見たら、
真面目じゃないってわけか。

㊸寅次郎の休日

なぜだ？　お前頭悪いなオイ、
お前と俺とは別な人間なんだぞ、
早い話がだ、俺が芋《いも》食って
お前の尻からプッと屁《へ》が出るか？

①男はつらいよ

おいちゃん、俺は決してね、
金持ちの娘を嫁にもらおうなんて
気持はこれっぽっちだってありゃしねえよ。
女ってのは少し苦労したほうが
いい嫁になるっていうからね。

③フーテンの寅

渡世人のつれェところよ

口上

……国の始まりが大和《やまと》の国《くに》、島の始まりが淡路島《あわじしま》、泥棒の始まりが石川の五右衛門《ごえもん》なら助平《すけべい》の始まりが小平《こだいら》の義雄《よしお》、続いた数字が二、仁吉《にきち》が通る東海道、憎まれ小僧が世にはばかる、仁木《にっき》の弾正《だんじょう》、お芝居の上での憎まれ役、ねえ、ちょっとお父さん、これ、いいもんだから買ってってよ、ねえダメ？ ケチッ……三、三、六歩で引け目がない、三で死んだか三島《みしま》のおせん……おせんばかりが……畜生！ こうなったらもう、おわい屋の火事じゃないけどヤケクソだよ、ええ、これで買い手がなかったら、あたし稼業三年の患いと思って諦めます。浅野内匠頭《あさのたくみのかみ》じゃないけど腹切ったつもりで諦めちゃうからね。それあげるよお兄さん、ええ、持っていきなよ、安いもんだからさ、よォ、パチンコばっかりやってないで本読みなよ、たまにゃ、勉強しろよ本当に！ 買わねえか！ どいつもこいつも貧乏人の行列だ、買ってくれなんて頼みやしないよお前、ええ、どこへ行ったってこれだけの値段がね、安く買えると思ってん……。

（⑧寅次郎恋歌）

言ってみりゃ、リリーも俺と同じ旅人さ。
見知らぬ土地を旅してる間にゃ、
そりゃあ人には言えねえ苦労もあるよ……。
例えば、夜汽車の中、
少しばかりの客はみんな寝てしまって、
なぜか俺一人だけいつまでたっても寝られねえ——
真っ暗な窓ガラスにホッペタくっつけてじっと外を見ているとね、
遠く灯《あか》りがポツンポツン……
あー、あんな所にも人が暮らしているか……
汽車の汽笛《きてき》がボーッ、ピーッ……
そんな時、そんな時よ、ただもうわけもなく悲しくなって、
涙がポロポロポロポロこぼれて来やがるのよ。なあ、
おいちゃんだってそんなことあるだろう？

⑪寅次郎忘れな草

まったくな、シロウトはこわいよ。

道連れとなった会社員・兵頭（船越英二）と協力して商売に成功

⑮寅次郎相合い傘

死んだか……

野郎のくには何て島だっけ。

……奥尻島《おくしりとう》かあ。

線香の一本でもあげに行ってやるか。

テキヤ仲間の訃報を聞いて

㉖寅次郎かもめ歌

テキヤ殺すに刃物はいらぬ、
雨の三日も降ればいいってね。

㉝夜霧にむせぶ寅次郎

俺ァ今日ついてるんだ。
つきは逃《の》がしちゃいけねえ、
それが渡《と》世《せい》人《にん》というものよ。

④新 男はつらいよ

……そうよな、
今度鹿児島へ帰《けえ》ってくるのは三月の頭かな、
桜の花もボチボチ咲こうって頃よ。
それから熊本、小倉《こくら》、尾道《おのみち》とズーッと下って
四月は関東、五月は東北、六月は北海道、
俺達の旅は桜の花と一緒よ、
花見の旅だい。

③フーテンの寅

安心しな、他の人になくってね、
伯父《おじ》さんにありあまるもの、
それは暇だよ。

㉛旅と女と寅次郎

大阪で、宿の斡旋を警官（イッセー尾形）に頼んで

ああそりゃあ駄目だ、勘弁してくれ。
俺、ベッドってのの駄目なんだ。ね。それと、
小さな風呂、腰掛けウンチ、全部駄目なんだよ。
狭くってもいいから、畳の敷いた宿、頼むよ。

㊴寅次郎物語

人間この世に生まれてくる時もたった一人、
そして、死んで行く時もたった一人でございます。
何と寂しいことではございませんか。

代理坊主として檀家の人々を前に

㉜口笛を吹く寅次郎

ビールの一本ももらうか。
――それとも昼間から働いている
労働者諸君に悪いか。
ま、いいや、かんべんしてもらって。
一本、な。

そうなんだよ、俺定年なんてないもんねえ。
そっち、どこで手に入れたんだ、え？
あれは区役所行くのか。

⑮寅次郎相合い傘

弟分の登をからかって

兄貴口《く》惜《や》しいよって、
お前おいおいおいおい泣いてたろ、涙出して……
あの時の酒は辛《から》口《くち》でございましたね。

⑨柴又慕情

あーあ、
やっぱり家《うち》が一番いいや。

長旅から帰って、とらやの二階で

⑫私の寅さん

蛇《じゃ》の道は蛇《へび》と言ってな、
俺たち稼業は、仲間内《うち》の行った所を探すのは、
そうむずかしいことじゃねえんだよ。

㊴寅次郎物語

旅の者ですが、通りすがったのも何かのご縁、
お線香の一本もあげさせていただけますか。

㉗浪花の恋の寅次郎

そうもいかねえだろ、
正月に向かって俺達は書き入れだよ、
いくら寒いからったって
炬《こ》燵《たつ》にヌクヌクつかっているようじゃ、
おてんとうさまの罰《ばち》が当たる。
――そこが渡世人のつれえところよ。

失恋の傷を隠して旅立とうとする
寅次郎。さくらが懸命に止めるが……

「兄さんの同業だとすると大変だなあ、
健康保険だって入ってないだろうし」

寅次郎の兄弟分が亡くなったと聞いた博の言葉

㉘寅次郎紙風船

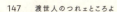

とらやから去っていったリリー（浅丘ルリ子）

あいつも俺と同じ渡り鳥よ。
腹空《す》かせてさ、羽根怪我《けが》してさ、
しばらくこの家《うち》に休んだまでのことだ。
いずれまたパッと羽ばたいてあの青い空へ……
な、さくら、
そういうことだろう。

⑮寅次郎相合い傘

梅の花が咲いております。
どこからともなく聞こえてくる谷川のせせらぎの音も、
何か、春近きを思わせる今日この頃でございます。
旅から旅へのしがない渡世の私共が
粋《いき》がってオーバーも着ずに歩いちゃおりますが、
本当のところ、
あの春を待ちわびて鳴く小鳥のように、
暖かい陽差《ひざ》しのさす季節を
恋焦《こ》がれているんでございます。

④新 男はつらいよ

葉書

拝啓、その後お変りございませんか。

私、柴又にありし時は、想い起こせば恥ずかしき事の数々、今はただ反省の日々を過しおりますれば、どうかお許し下さいまし。

私の妹さくら、そして年老いた叔父叔母、いずれも世間知らずの田舎者ではございますが、私のかけがえのない肉親共でございますれば、何卒御指導御鞭撻の程、お願い申し上げます。

末筆ながら旅先にて、貴女様の御幸福を心よりお祈り申し上げます。

車　寅次郎拝

⑧寅次郎恋歌

労働者諸君！

口上

まずこのグラフに注目されたい。厚生省が発表した日本人の身長のこれグラフであります。この赤い字が証明するように、戦後日本人の身長は外国人と匹敵するくらいどんどんと伸びております。

しかしそれに反比例して日本人の体力はドンドンドンドン落ちている。これは何故かというと、日本人は、つまりこの下駄を履《は》かなくなった為《ため》であります。──ね、いいかいおかあちゃん、ほら、足の親指と人差指、ね、この間に人間の健康を司るツボがあります。ここへ鼻緒をグイと突っ込んでグイグイグイ歩きながら刺激する。これは日本人の大発明でありま す。俺なんかほら、こうやって三百六十五日、雪駄《せった》を履いてるからただの一遍も病気をしたことがない。ただし頭はよくないが、これは親父《おやじ》ゆずりだから仕方ない。笑ったな、女学生、退学!

（㉔寅次郎春の夢）

おはよう、労働者諸君、
今日からぼくは君たちの仲間だぞ！
ともに働き、ともに語ろう。

寅次郎は、タコ社長の印刷工場で働こうとしたこともあった

⑤望郷篇

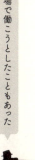

「見かけよりつらいんだぞぉ、
サラリーマンの勤めは」

おいちゃんの言葉

㉞寅次郎真実一路

社長「そりゃねえ、やっぱり人を雇うんだったらね、
労働組合、厚生施設、年次休暇、退職金、
そういうものがねえ、ちゃんとしてなきゃあ」
竜造「バカヤロウ、お前の工場《こうば》どうなんだい」
社長「だから苦労してるんだよ、俺ん所は」

㉒噂の寅次郎

よぉ、諸君。残業か？
結構けっこう、
稼《かせ》ぐに追いつく貧乏なしってね。

①男はつらいよ

「――いいか、俺にだってなあ、お得意はいるんだよ、お得意は。
俺が洗ったシーツじゃなくちゃ困る、
俺がアイロンかけたワイシャツじゃなくちゃ嫌《いや》だ――
そう言う人がね、何人もいるんだよ。
商売っていうのはそういうもんなんだ」

酔った寅次郎に〝ケチなクリーニング屋〟とくさされた小学校の同窓生（東八郎）の言葉

㉘寅次郎紙風船

「あのね、生きてく為《ため》には、
誰だって働かなくちゃいけないの！」

さくらの言葉

⑬寅次郎恋やつれ

俺たちは口から出まかせ
インチキくさい物売ってよ、
客も承知でそれに金ぇ払う、
そんなところでおマンマいただいてんだよ。

㊴寅次郎物語

九州唐津《からつ》の踊子（春川ますみ）と

踊子「こんな景色のよか所へ来て、暗か所で
女の裸見てどこがよかっつかねえ」

寅次郎「別に裸を見る訳じゃねえよ、姐《ねえ》さんの芸を
見に来たと思えば腹も立たねえだろう」

⑭寅次郎子守唄

おい、労働者諸君、
君らもハンマーを捨て、ペンを取れ。
聞こえているのか。

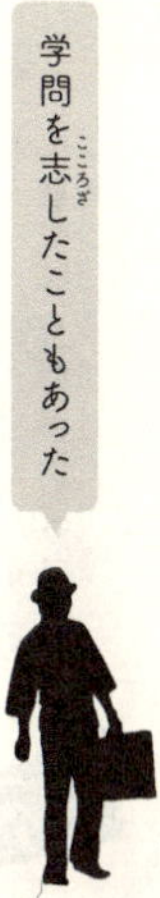

⑯葛飾立志篇

「困ったぁ……」

御前様、お馴染みの名台詞

①男はつらいよ　ほか

「何といったって手に職のある人は
強いですよねえ」

博の言葉

㉝夜霧にむせぶ寅次郎

ポンシュウ「うめえなあ」

寅次郎「ああ、働いた後だからな。労働者ってのは、毎日うまいめし喰ってんのかもしれねえな、おい」

博、お前もムキになって
社長になりたがるこたあねえぞ、
これがいい見本だよ、せいぜいいってタコどまり、
な、働きゃ働くほどこうやって、
苦労しょい込んでいるんだから、な。

⑥純情篇

働くっていうのはな、
博みてぇに、女《にょう》房《ぼ》のため、子供のため、
額《ひたい》に汗して、真っ黒な手ぇして
働く人達のことをいうんだよ。

㊴寅次郎物語

「要するに、古いお得意にしがみついているだけなんだよ、
社長の営業のやり方は。
そういうお得意ってのは、
儲かる仕事は大きな工場に出しておいて、
手間ばっかりかかってどこにも引き受け手のないような
仕事をうちに押しつけて来るんだ。
今日だってそうなんだ、
急ぎの仕事だから割り込ましてくれって、
冗談じゃないって言うんだよ。
最初から赤字って分かってる仕事なんだからなあ」

博の言葉

㉜口笛を吹く寅次郎

労働者諸君、
田舎《いなか》の御両親は元気かな。
たまには手紙を書けよ。

㉞寅次郎真実一路

さしづめインテリだな

口上

角は一流デパートで下さい頂戴でいただきますと、七百が六百、五百は下らない品物、今日はそれだけ下さいとは言いません、ねえ。浅野内匠頭《あさのたくみのかみ》じゃないが腹切ったつもり、……どうです、五百が三百、二百が五十、貧乏人の行列だ、持っていきやがれ、このコジキヤロー、チキショー!

(②続 男はつらいよ)

おう？……
手前さしづめインテリだな。

②続 男はつらいよ

インテリというのは自分で考えすぎますからね、
そのうち俺は何を考えていたんだろうって、
分かんなくなってくるわけなんです。
つまり、このテレビの裏っ方でいいますと、
配線がガチャガチャにこみ入っているわけなんですよね、
ええ、そういう点私《わたくし》なんか線が一本だけですから、
まァ、いってみりゃ空ッポといいましょうか、
叩けばコーンと澄んだ音がします、
なぐってみましょうか。

③フーテンの寅

この〝櫻〟って字がねえ、面白うござんしてね、
木ヘンに貝ふたつでしょう、
それに女ですから二かいの女がキにかかる
とこう読めるんですよ。

さくらの見合いの席で

①男はつらいよ

寅次郎「んなくよくよすることないって、ね。
昔からよく言うじゃないか、なあ、
なんだいあの、
お盆がこうひっくりかえっちゃってさ、
中《なか》かたの水は、あれは、
かえっちゃ来ねえんだろ？」

博「覆《ふく》水《すい》盆《ぼん》にかえらず、ですか」

寅次郎「そうだよ、それだよ」

㉓翔んでる寅次郎

ああ、工場《こうば》か。残業なんかもあるんだろう、
しかし、同じ年頃の同僚が流行歌手の噂なんかして
きゃあきゃあ騒いでいるのに、
こうやってむずかしい本を読んで勉強してるんだ——偉いなあ。
——お姐《ねえ》さん、こちらにコーヒーのお代わりさしあげて。

喫茶店で本を読んでいる大学助手の礼子（樫山文枝）に

⑯葛飾立志篇

そうそう、よく知ってるね、おばちゃん。
今ね、電気のことを英語でもって
コンピューターてぇの。
そういうこと知らなきゃ孫に笑われちゃうから。

㉘寅次郎紙風船

どうして日本とアメリカが
仲良くしなきゃいけないんだ。
いいか、あの黒船が浦賀《うらが》の沖へ来て、
徳川三百年天下太平の夢が破られて以来、
日本人はずっと不幸せなんだぞ。

おばちゃんが日米親善を訴えたので

㉔寅次郎春の夢

そうか、
僕が会話でいこうというのに、
君は暴力で解決しようというのか、
上等じゃねえかよ、
血の雨降らしてやるよ、　チキショー！

③フーテンの寅

寅次郎「何だ、お前ら知らねえのか……。
　ほら、ミドリはコトナルものよ、アジなるものよって……。
　イニシエの言葉にあるだろう、
　つまり僕たち二人はそういうケースなんだ」
さくら「わかる？」
博「縁は異なもの味なもののことだろう」

⑦奮闘篇

先《ま》ず最初に、今の時代は、店に座ったままダンゴを買いに来る客を待っているようでは、駄目なんじゃないかな。

もっと積極的に。例えば、社長の所でビラを印刷して、これを新聞に折り込み各家庭に配る。

……あとは月に一度の値引きセール。ダンゴを半値にしちゃう。ぜんぜんもうけはないよ。しかし、そのことによって、とらやのダンゴがこんなにもおいしかったのかなあという事をいき渡らせる。

……まだあるんだよ。

そうやって客がどんどん増えていく。するとこの店が狭くなる、な。そこで思い切ってこの店をぶっ毀《こわ》す。その跡に鉄筋コンクリートのビルをぶっ建てる。一階が店、二階がお座敷、三階が老夫婦の隠居所だ。その頃裏の工場《こうば》はつぶれているから、労働者ごと買い取ってこれをダンゴ工場《こうじょう》にする。もう手でこんなクチャクチャクチャクチャ団子なんかやんない。これはオートメーション。機械の穴からコトンポロポロ、コトンポロポロ――勿論汚い年寄りなんかは店へ置かない。若い新鮮なおとめが六人ぐらい、揃いの浴衣《ゆかた》をピシッと着て、いらっしゃいませ、またどうぞ。

支店も増やす。

北は北海道、南は沖縄まで「とらやチェーン」がずらーっと、ならぶ。勿論テレビのコマーシャルにも金はかけますよ。

「草ダンゴでおなじみのとらやが提供の浪曲劇場。いよお、〽泣くな、よしよし、ねんねしな、あ〜あ、坊やの、かあちゃん、どこいった……」

後継者をどうするか――とらやの頭の痛い課題である

「成程。生きてる間は夢だというのは、確かセックスピアの言葉でしたな」

御前様の言葉

㉕寅次郎ハイビスカスの花

さくら、それじゃあお前何かい、
お見合いってえのはフウケン主義だと、
こういうのか。
そりゃあちょっと考え違いじゃねえかなあ。

①男はつらいよ

真実をまげて伝えることはないでしょう。

⑱寅次郎純情詩集

勝手にやったらいいんだい。
民主主義の世の中だ。
なあ、交際だろうとキッスだろうと、
ペッチングだろうと、
お好きなようにしなさいよ。

①男はつらいよ

尻っペタの青いインテリがとかくかかりがちな
イロノーゼって奴《やつ》ですね。
つまり、色気ってものが頭にのぼってくるんで、
それでイロノーゼです。
これはすぐ治るんじゃないですか。

③フーテンの寅

真知子「ああ、藤村《とうそん》の詩よ。
――そうだわ、遊子《ゆうし》悲しむの遊子って、
寅さんみたいな人のことを言うのね、きっと」
寅次郎「とんでもねえ、俺みたいな意気地《いくじ》なしが勇士だなんて」

㊵寅次郎サラダ記念日

いや、だけどね、レントゲンだってやっぱりね、
あれニッコリ笑って映した方がいいと思うの、
だって明るく撮《と》れるもの、その方が。

㉜口笛を吹く寅次郎

それを言ったら
おしまいだよ

口上

船員さん船員さん、お手にとって見てやってください。え、神田は音響堂というね、有名なレコード店でわずか三十万の税金で投げ出した品物。え、札幌はね、一流デパートでもってね一枚五百円する品物、今日は協定違反。二枚で百円！　ねえ、……お父さん、家族づれ！

（⑪寅次郎忘れな草）

うるせえ！
そうか、おいちゃん、
そういうことを言うかい。
それを言ったらおしまいだよ。

⑧寅次郎恋歌

心の傷を持つ隆子（秋吉久美子）に

死ぬなんて言葉は、
簡単に口に出さない方がいいよ。

㊴寅次郎物語

リリー「……私の初恋の人……
寅さんじゃないかしらね」

寅次郎「リリーしゃん、それは悪い冗談だよ。
俺は遊び人だから分かるよ、でも、
この家《や》の住人はみんなカタギだから、
まに受けちゃう」

⑪寅次郎忘れな草

邦　男「そういう言い方には、僕抵抗感じるな」
寅次郎「抵抗？　はあ、お前さしづめインテリだな。
ああ、それじゃあ余計女にゃもてないよ。
だめだよ、あきらめな」

㉓翔んでる寅次郎

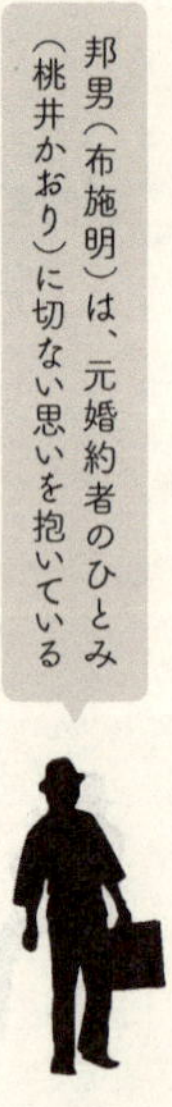
邦男（布施明）は、元婚約者のひとみ（桃井かおり）に切ない思いを抱いている

妙なこと言うねえ。それじゃ何かい、
俺みたいな下等な人間だから恋をして、
先生みてえな上等な人間は恋をしないと、
おいちゃんはこう言うのか。

幼馴染みの千代（八千草薫）をめぐって、寅次郎と
大学助教授（米倉斉加年）が恋の火花を散らす

⑩寅次郎夢枕

綾　「寅さん、人間はなぜ死ぬんでしょうねえ」
寅次郎「人間？　うーん、そうねえ。まあ、なんて言うかなあ、まあ結局あれじゃないですかね、あの、こう人間が、いつまでも生きていると、あの、こう丘の上がね、人間ばかりになっちゃうんだよ。うじゃうじゃ、うじゃうじゃメンセキが決まっているから。で、みんなでもって、こうやって満員になって押しくらマンジュウしているうちに、ほら足の置く場所もなくなっちゃって、で、隅っこに居るやつが、『お前、どけよ』なんてやると、ア、アーなんて海の中へ、ボチャンと落っこって、アップ、アップして『助けてくれ！　助けてくれ！』なんつってね、死んじゃうんだよ。まあ、結局、そういうことになってるんじゃないですかね、昔っから。うん、まあ、深く考えないほうが、それ以上は」

綾（京マチ子）は、不治の病におかされている

馬鹿野郎笑わせるない。
何いってやんだい、
女の手ひとつにぎれねえようなデクの棒が
何うまいこと出来るんだい。

①男はつらいよ

おい！　早まっちゃいけねえ。
え！　命を粗末にするんじゃねえったら。
死んで花実が咲くものかっていうじゃねえか、
おいこら！

⑮寅次郎相合い傘

寅次郎「幸せになれるんだろうな、お前」
すみれ「うん、きっとなる」
寅次郎「もし、ならなかったら、
　俺は、承知しねえぞ、いいな」

すみれ（伊藤蘭）は死んだテキヤ仲間の忘れ形見。親代わりを気取る寅次郎だったが、ある日すみれの恋人が現れて

㉖寅次郎かもめ歌

そんな筈《はず》はねえ、そんな筈はねえよ……。
どんなに年とったって、これだけは憶えている筈だよ。
たのむよ、俺だよ、思い出してくれよ。
俺、一目見た時もう判ったもんな。
三十八年間、一日だって忘れたことはありゃしねえよ……
俺や死ぬまでに一ぺんでいい、
口に出してあんたのこと呼んでみたかったんだ……
おっかさん。あんたの倅《せがれ》の、寅次郎だよ！

②続 男はつらいよ

「ぼくにも言わしてくれよ、たまには。
……そりゃぼくは職工です。
大学にも行けませんでした。
そんなぼくが満男にどれほど夢を託しているか、
そんなこと、子供を持ったことのない兄さんに
分かってたまるか！」

博の言葉

⑱寅次郎純情詩集

ええ、貧乏人っつぅものはな、
一番つらくって、おめえ、さみしい時はよ、
金持ちに札束で頬《ほ》っぺタぶったたかれる時だい。
金がねえんだから、だから孝行娘を
妾に出さなきゃならねえんじゃねえか、なあ。
そのつらさ悲しさにじっと堪《た》えてるんだい。
おめえみたいにケツの青い若造に
この悲しさが分かるかバカヤロウ。

③フーテンの寅

満　男「大学へ行くのは何のためかな」
寅次郎「決まってるでしょう、これは勉強するためです」
満　男「じゃあ、何のために勉強すんかな」
寅次郎「……ん？　そういうむずかしいことを聞くなって言ったろう、お前に。……つまりあれだよ、ほら、人間長い間生きてりゃ色んなことにぶつかるだろう、な。そんな時に俺みたいに勉強してない奴《やつ》は、この振ったサイコロで出た目で決めるとかその時の気分で決めるよりしょうがないんだ、な。ところが、勉強した奴は、自分の頭でキチンと筋道《すじみち》を立てて、はて、こういう時はどうしたらいいかなと考えることができるんだ。だからみんな大学へ行くんじゃないか。だろう？　——久しぶりにキチンとしたこと考えたら頭が痛くなっちゃった」

㊵寅次郎サラダ記念日

リリーに結婚したことはあるのかと問いつめられて

そおゆう過去はふれない方がいいんじゃないの？
お互いにいろいろあるからさあ。

㉕寅次郎ハイビスカスの花

いいか、世の中ってのはなァ

口上

この世に生を受けた男と女、みんな、その見えない糸によって結ばれています。

たとえどんなに愛し合った男と女でも、この運命の糸がつながっていなければ、決して結ばれることはない、そこに人間の悲劇がある。ね、今日は、あたたかい日曜日、いく百組いく千組のアベックが手に手をとっていそいそと歩いているが、果たしてこの中の何組がその運命の糸によって結ばれるか——。さ、私がここに手に取りいだしましたこの本、この本を見ることによって、絶望する人もいるかもしれないが——、今のお客ね、あれ絶対結ばれない、分かるんだから、顔観《み》れば。相《そう》に出ている。人が話している途中で、「行こうよ」、こりゃだめだ……。

（⑳寅次郎頑張れ！）

あ〜あ、嫌《や》な世の中だねえ。

⑧寅次郎恋歌

万一って事があるじゃないか。
その万一にそなえて、
万事手ぬかりなくしてやるというのが、
近所のつき合いってもんじゃないか、おばちゃん。

タコ社長の行方が知れず、葬式の段取りまで考える寅次郎

㉒噂の寅次郎

な。みんなこういうふうに、
若い頃の夢とはほど遠い現実生活を
営んでいるというわけだ。

㉑寅次郎わが道をゆく

あのー、亭主に死に別れた女房が、
他の男と再婚する場合に、
やはり一周忌《き》まで待つべきでしょうか、
それとも三回忌までがまんしなきゃならない
もんなんでしょうか——。
ええ、そのへんのところは、あの、
お経には何と書いてありますか。

㉘寅次郎紙風船

御前様に大真面目に尋ねる寅次郎

大丈夫。
そんな心配することはありませんよ。
男の子はね、
親父と喧嘩して家《うち》を出るくらいでなきゃ
一人前とはいえません。

家出した弟（中井貴一）を気づかう朋子（竹下景子）に

㉜口笛を吹く寅次郎

いいか、ピアノなんて物はなあ、
広いお屋敷の芝生の上に白い犬が転がってるような、
そういう家《うち》の娘がレースの垂れ下がった応接間で
ポロンポロンと上品に弾《ひ》くもんだよ。
お前たちの部屋はなんだ、おい。
あそこへピアノが入るのか？　あの入り口、え？
棺桶だってお前、タテにしなきゃ入らないよ。
笑わせんじゃないよ全く、お前。

博とさくらに

⑪寅次郎忘れな草

おう、そうだよ、
人間あきらめが肝心だよ。

①男はつらいよ

満　男「人間は、何のために生きてんのかな」
寅次郎「うん？　難しいこと聞くなあ、え？
うーん、何て言うかな、ほら、
ああ、生まれて来てよかったなって
思うことが何べんかあるじゃない、ねえ。
そのために人間生きてんじゃないのか」

㊴寅次郎物語

「いいか博さん、家《うち》はねえ、商売やってんだよ、
無銭飲食なんて一番恥ずかしい犯罪だ、
泥棒のほうがよっぽどマシだ」

寅次郎が無銭飲食で捕まって、おいちゃんの言葉

⑱寅次郎純情詩集

「善意だけじゃ済まされないことだって
あるでしょ、世の中には」

さくらの言葉

㊴寅次郎物語

朋　子「でも、宗派などは」

寅次郎「大丈夫大丈夫、
念仏唱えりゃ同じようなもんです」

㉜口笛を吹く寅次郎

風子ちゃんよ、悪いことは言わねえ、
な、お前この町で一生懸命働いてな、
真面目《まじめ》で正直な男をつかまえて所帯を持て。
そらあ長い間には多少退屈なこともあるだろうよ、でもな、
五年十年たって、あー、あん時寅さんの言ってたことは
やっぱり本当だったんだなって、
きっと思いあたるときがあるよ、な。

一緒に気ままな旅をしたいと言う風子（中原理恵）に、喜びをかくして語る寅次郎

㉝夜霧にむせぶ寅次郎

「自分の醜《みにく》さに苦しむ人間は、もう醜くはありません」

悔やむ寅次郎に博の言葉

㉞寅次郎真実一路

「私、この頃よく思うの、
人生に後悔はつきものなんじゃないかしらって。
——ああすりゃよかったなあっていう後悔と、
もう一つは、どうしてあんなことを
してしまったんだろう、という後悔……」

老画伯（宇野重吉）へかつての
恋人・志乃（岡田嘉子）の言葉

⑰寅次郎夕焼け小焼け

成程、冬の次は春ですか。

㊵寅次郎サラダ記念日

おい、リリーよ。
いやなことは忘れてさ、俺と呑《の》もう。

⑪寅次郎忘れな草

俺には、
難しいことはよく判らねえけどね、
あんた、幸せになってくれりゃあいいと
思ってるよ。

⑯葛飾立志篇

「私が会いたいなあと思ってた寅さんは、
もっと優しくて楽しくて、
風に吹かれるタンポポの種みたいに、自由で気ままで――。
せやけど、あれは、旅先の寅さんやったんやね。
今は家《うち》に居るんやもんね。
あんな優しい人たちに大事にされて」

丹後から飛び出してきたかがり（いしだあゆみ）。江の島で逢瀬を持った寅次郎だが、固くなるばかりで想いを打ち明けられない

㉙寅次郎あじさいの恋

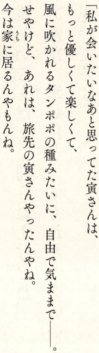

「竜造さん、人が褒《ほ》め合うということは
これは実に良いことだね。
お互いに褒め合わなきゃいけない。
褒め合ってこそ人間は少しずつ
向上していくんじゃないかな」

御前様の言葉

⑩寅次郎夢枕

例えば、日暮れ時、
農家のアゼ道を一人で歩いていると考えてごらん。
庭先に、りんどうの花がこぼれるばかりに
咲き乱れている農家の茶の間、
灯《あか》りがあかあかとついて、父親と母親がいて、
子供がいて、賑《にぎ》やかに夕飯《ゆうめし》を食べている。
これが……これが本当の、
人間の生活というものじゃあないかね、君。

⑧寅次郎恋歌

「人間は絶対に一人じゃ生きていけない。
さからっちゃあいかん。
人間は人間の運命に、さからっちゃいかん。
そこに早く気がつかないと、
不幸な一生を送ることになる」

博の父（志村喬）の言葉

⑧寅次郎恋歌

そりゃねえ。好きな女と添いとげられりゃあ、
こんな幸せはないけどさ、
しかしそうはいかないのが世の中なんだよ、　え？
みんな我慢して暮らしてるんだから、
男だって、女だって。

⑳寅次郎頑張れ!

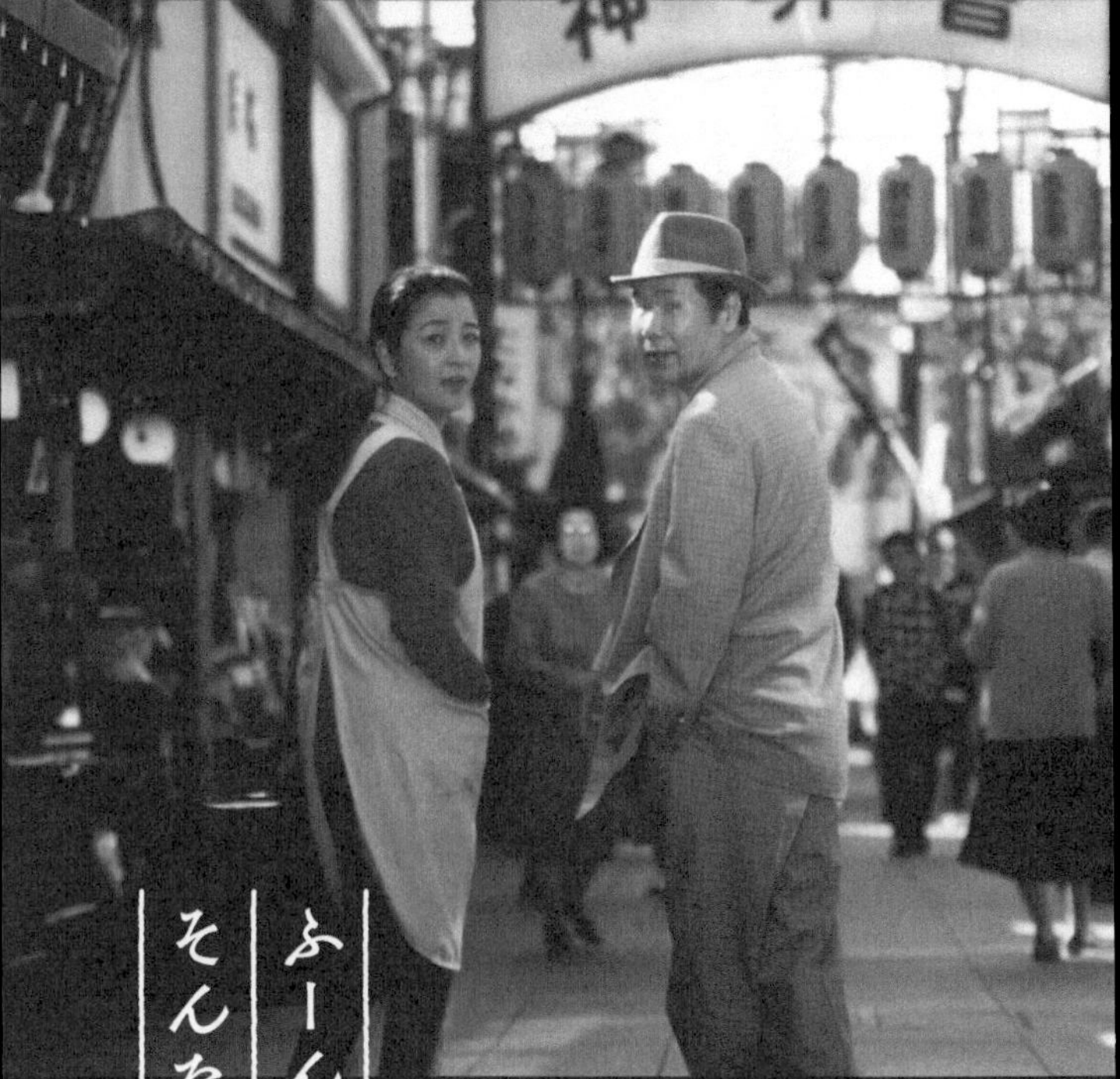

ふーん、
そんなもんかね

口上

……七ツ長野の善光寺《ぜんこうじ》、八ツ谷中《やなか》の奥寺で竹の柱に萱《かや》の屋根、手鍋提《さ》げてもわしゃいとやせぬ、ねえ、信州信濃《しなの》の新ソバよりもあたしゃあなたのそばがよい、曲がった数字が七ツ、これ合わせて、さァいくら、ね、腹切ったつもり。はい、五百円でいこう、五百円だ。

お、こちらのお兄ィさん、いい買物をしたねえ、調子に乗って損な商売しちゃったなァ。

おかあさんもいくの、はいどうぞ。よーし、こうなったらもうヤケのヤンパチ陽《ひ》ヤケのナスビ、色が黒くて食いつきたいが、あたしゃ入歯で歯がたたないよ。……はい持ってって、持ってって、五百円、五百円……

(⑪寅次郎忘れな草)

よお！
何だ、お前……。
未《ま》だ生きてんのか……いやだねえ。

⑥純情篇

なんだよ、降って来やがった。
一寸先は闇だなあ。

㉔寅次郎春の夢

「まあ、あたり前の顔して一緒に暮らしてるけど、
夫婦にはそれぞれいろんな話があるからねえ」

おいちゃんの言葉

㉚花も嵐も寅次郎

「私、幸せだった、あん時」

リリー（浅丘ルリ子）の言葉

㉕寅次郎ハイビスカスの花

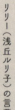

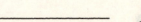

リリー。
俺と所帯を持つか。

つい溢れ出た寅次郎の真情

㉕寅次郎ハイビスカスの花

「私も葬式より結婚式の方が
ありがたいな、めでたくて」

御前様の言葉

㉝夜霧にむせぶ寅次郎

「美しいのは
その人の罪じゃありませんからね」

博の言葉

㉙寅次郎あじさいの恋

そりゃ今は悲しいだろうけどさ、ね。
月日がたちゃどんどん忘れていくもんなんだよ。
忘れるってのは本当にいい事だな。

弟の死を悲しむふみ（松坂慶子）に

㉗浪花の恋の寅次郎

「いいわねえ、
生まれた家《うち》が残ってるなんて」

りん子（竹下景子）の言葉

㊳知床慕情

男ってぇものはな、引き際《ぎわ》が肝心よ。

㉗浪花の恋の寅次郎

「何考えてんだろうねえ、男なんて」

リリー（浅丘ルリ子）の言葉

㉕寅次郎ハイビスカスの花

やっぱり、二枚目はいいなあ。
ちょっぴり焼けるぜ。

㉚花も嵐も寅次郎

「苦労が身についてて、
臆病になってしもうたんやねえ。
何事につけ」

かがり（いしだあゆみ）の言葉

㉙寅次郎あじさいの恋

「なんでも隠れてやることってのは、
面白いもんですよ」

おいちゃんの言葉

⑱寅次郎純情詩集

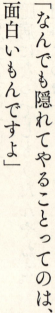

しっかり押さえていろ、
俺今一一〇番に電話してやるからな……
博、一一〇番てのは何番だっけ？

④新 男はつらいよ

おいちゃん、お馴染みの名文句

「馬鹿だねぇ……」

①男はつらいよ ほか

「本当に変わってる人は、
自分では気がつかないもんですよ」

博の言葉

㉚花も嵐も寅次郎

「心配事が一つぐらいあった方が
長生きすると言います」

御前様の言葉

㊲幸福の青い鳥

駄目だ、駄目だ、駄目だ。
あんな男か女か分からねえような奴《やつ》。ええ？
心持ちがやさしいったってね、
やっぱりこう見てくれはなんていうか、陽《ひ》に焼けてさ、
どことなくたのもしい男でなくっちゃ。

不幸せそうに見える歌子（吉永小百合）に
良い縁を見つけたいと言い出す寅だったが

⑨柴又慕情

「たった一つの言葉が
人間を死に追いやることだって
あるんだからなあ」

おいちゃんの言葉

㉗浪花の恋の寅次郎

お偉いお方でもよ、生身の人間だ、
万が一ってことがあるからな。

あどけなくて人を疑うことを知らない花子（榊原るみ）を、御前様のもとに預けてはみたものの寅次郎の心配の種はつきない

⑦奮闘篇

みなさん、なんか誤解なすって
らっしゃるんじゃないですか。
私は別に結婚することを
あきらめたりしちゃいませんよ。

㉜口笛を吹く寅次郎

「ああ、これ、糊《のり》の匂い。
——ふう、今夜はぐっすり眠れそう」

とらやの二階で、リリーの言葉

⑪寅次郎忘れな草

そう、俺はね、
風にはこう逆らわないようにしてるんだよ。
風に当たると疲れちゃうから。

㊼拝啓車寅次郎様

達者でな、あばよ

口上

めぐり逢いが人生ならば、素晴しき相手にめぐり逢うのも、これ人生でありのます、生者必滅《せいじゃひつめつ》エシャジョウリ、会うは別れの初めとは誰《た》がいうた、……眉と眉のあいだのこの印堂《いんどう》……お嬢さん、あなたここが素晴しく輝いております、いい愛情にめぐまれておるかもしれない、しかし、月にむら雲、花に風、一寸先の己れが運命わからないところに人生の哀しさがあります……とか何とかいって四角い顔した親父《おやじ》がデタラメいってやがると思ってるでしょう……本当いうと、これ口から出まかせ、でもね、長い間この商売をしてメシを食っていると、百に一つは当たることがあるんだよ。

（⑦奮闘篇）

……夏になったら鳴きながら、
必ず帰ってくるあの燕《つばくろ》さえも、
何かを境にぱったり姿を
見せなくなることだってあるんだぜ……。

⑦奮闘篇

私《わたくし》のような出来損《できそこ》ないが、
こんなことを言うと笑われるかもしれませんが、
私は、甥《おい》の満男は間違ったことをしていないと思います。
慣れない土地へ来て、
寂しい思いをしているお嬢さんを慰めようと、
両親にも内緒で、はるばるオートバイでやって来た満男を、
私はむしろ、よくやったと褒めてやりたいと思います。

母親と離れて暮らす泉（後藤久美子）のために九州に駆け付けた満男をかばって

泣きな。　な、　いくらでも。
——気のすむまで泣いたらいいんだよ、　な。

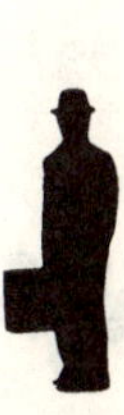

㉗浪花の恋の寅次郎

「いやねえ、別れって」

さくらの言葉

㉕寅次郎ハイビスカスの花

みんなのその優しい心が、
かえって俺の心の傷を深くする。
世間の冷たい風に吹かれてくるよ。

㊱柴又より愛をこめて

あ、さくらと、博と社長によろしく言ってくれよ。
あ、そうだ、俺が夕べここで話した事を忘れずに、
人生についてようく考えろって。
ぼけっとしている間《ま》に
あッという間に骸骨になっちゃうんだから、人間は。

㉒噂の寅次郎

かがり「もう、会えないのね」

寅次郎「いや、ほら、風がな、風がまた
丹後の方に吹いてくることもあらあな」

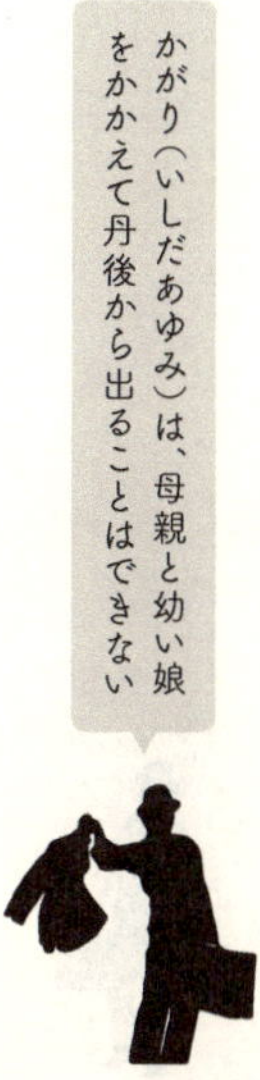
かがり（いしだあゆみ）は、母親と幼い娘をかかえて丹後から出ることはできない

㉙寅次郎あじさいの恋

……若《も》し……十年、二十年たって、
雪の降る寒い夜、
寝つかれぬままに昔のことを
お想いになるようなことがございましたら、
あぁ、その昔、湯の山に、
寅という馬鹿な男がいたっけな、
とでもお想いになってください……ご免なすって。

③フーテンの寅

リリー「うん、じゃあまたどっかで会おう」
寅次郎「あぁ、日本のどっかでな」

⑪寅次郎忘れな草

手　紙（速達）

拝啓、この間は俺が悪かった。

九州の山奥で朝な夕な反省をしている。もう二度と柴又には帰らない。そうすればお前達に迷惑をかけずにすむからな。

遠い旅の空から、俺は死ぬ日までお前達の幸せを祈り続けている。

あばよ。妹へ

寅次郎

追伸　最後のめいわくだ。宿賃を貸してくれないか、頼む

㉑寅次郎わが道をゆく

寅さん50年のあゆみ

作品紹介

	タイトル	公開年月	監督	脚本	マドンナ	主なゲスト
①	男はつらいよ	S44・8	山田洋次	山田洋次 森崎　東	光本幸子	志村　喬
②	続　男はつらいよ	S44・11	山田洋次	山田洋次 小林俊一 宮崎　晃	佐藤オリエ	東野英治郎 山崎　努
③	男はつらいよ フーテンの寅	S45・1	森崎　東	山田洋次 小林俊一 宮崎　晃	新珠三千代	香山美子 花沢徳衛 河原崎健三
④	新　男はつらいよ	S45・2	小林俊一	山田洋次 宮崎　晃	栗原小巻	財津一郎 三島雅夫
⑤	男はつらいよ　望郷篇	S45・8	山田洋次	山田洋次 宮崎　晃	長山藍子	杉山とく子 井川比佐志
⑥	男はつらいよ　純情篇	S46・1	山田洋次	山田洋次 宮崎　晃	若尾文子	森繁久彌 宮本信子
⑦	男はつらいよ　奮闘篇	S46・4	山田洋次	山田洋次 朝間義隆	榊原るみ	田中邦衛 柳家小さん

⑧	男はつらいよ 寅次郎恋歌	S46・12	山田洋次	山田洋次 朝間義隆	池内淳子	志村 喬 吉田義夫
⑨	男はつらいよ 柴又慕情	S47・8	山田洋次	山田洋次 朝間義隆	吉永小百合	宮口精二 佐山俊二
⑩	男はつらいよ 寅次郎夢枕	S47・12	山田洋次	山田洋次 朝間義隆	八千草薫	田中絹代 米倉斉加年
⑪	男はつらいよ 寅次郎忘れな草	S48・8	山田洋次	山田洋次 宮崎 晃 朝間義隆	浅丘ルリ子	織本順吉 毒蝮三太夫
⑫	男はつらいよ 私の寅さん	S48・12	山田洋次	山田洋次 朝間義隆	岸 惠子	前田武彦 津川雅彦
⑬	男はつらいよ 寅次郎恋やつれ	S49・8	山田洋次	山田洋次 朝間義隆	吉永小百合	宮口精二 高田敏江
⑭	男はつらいよ 寅次郎子守唄	S49・12	山田洋次	山田洋次 朝間義隆	十朱幸代	月亭八方 春川ますみ 上條恒彦
⑮	男はつらいよ 寅次郎相合い傘	S50・8	山田洋次	山田洋次 朝間義隆	浅丘ルリ子	船越英二 岩崎加根子
⑯	男はつらいよ 葛飾立志篇	S50・12	山田洋次	山田洋次 朝間義隆	樫山文枝	大滝秀治 小林桂樹 桜田淳子

⑰	男はつらいよ 寅次郎夕焼け小焼け	S51・7	山田洋次	山田洋次 朝間義隆	太地喜和子	宇野重吉 岡田嘉子
⑱	男はつらいよ 寅次郎純情詩集	S51・12	山田洋次	山田洋次 朝間義隆	京マチ子	檀 ふみ 浦辺粂子
⑲	男はつらいよ 寅次郎と殿様	S52・8	山田洋次	山田洋次 朝間義隆	真野響子	嵐寛壽郎 三木のり平
⑳	男はつらいよ 寅次郎頑張れ！	S52・12	山田洋次	山田洋次 朝間義隆	藤村志保	中村雅俊 大竹しのぶ
㉑	男はつらいよ 寅次郎わが道をゆく	S53・8	山田洋次	山田洋次 朝間義隆	木の実ナナ	武田鉄矢 竜 雷太
㉒	男はつらいよ 噂の寅次郎	S53・12	山田洋次	山田洋次 朝間義隆	大原麗子	泉ピン子 志村 喬 室田日出男
㉓	男はつらいよ 翔んでる寅次郎	S54・8	山田洋次	山田洋次 朝間義隆	桃井かおり	布施 明 湯原昌幸 小暮実千代
㉔	男はつらいよ 寅次郎春の夢	S54・12	山田洋次	山田洋次 朝間義隆 栗山富夫	香川京子	ハーブ・エデルマン 林 寛子
㉕	男はつらいよ 寅次郎ハイビスカスの花	S55・8	山田洋次	山田洋次 朝間義隆	浅丘ルリ子	江藤 潤

㉖	男はつらいよ 寅次郎かもめ歌	S55・12	山田洋次	山田洋次 朝間義隆	伊藤 蘭	松村達雄 村田雄浩
㉗	男はつらいよ 浪花の恋の寅次郎	S56・8	山田洋次	山田洋次 朝間義隆	松坂慶子	芦屋雁之助 大村 崑
㉘	男はつらいよ 寅次郎紙風船	S56・12	山田洋次	山田洋次 朝間義隆	音無美紀子	岸本加世子 小沢昭一
㉙	男はつらいよ 寅次郎あじさいの恋	S57・8	山田洋次	山田洋次 朝間義隆	いしだあゆみ	片岡仁左衛門（十三代目） 柄本 明
㉚	男はつらいよ 花も嵐も寅次郎	S57・12	山田洋次	山田洋次 朝間義隆	田中裕子	沢田研二 朝丘雪路
㉛	男はつらいよ 旅と女と寅次郎	S58・8	山田洋次	山田洋次 朝間義隆	都はるみ	細川たかし 藤岡琢也
㉜	男はつらいよ 口笛を吹く寅次郎	S58・12	山田洋次	山田洋次 朝間義隆	竹下景子	中井貴一 松村達雄 杉田かおる
㉝	男はつらいよ 夜霧にむせぶ寅次郎	S59・8	山田洋次	山田洋次 朝間義隆	中原理恵	渡瀬恒彦 佐藤B作 秋野太作
㉞	男はつらいよ 寅次郎真実一路	S59・12	山田洋次	山田洋次 朝間義隆	大原麗子	米倉斉加年 辰巳柳太郎

㉟	男はつらいよ 寅次郎恋愛塾	S60・8	山田洋次	山田洋次 朝間義隆	樋口可南子	平田満 松村達雄 初井言榮
㊱	男はつらいよ 柴又より愛をこめて	S60・12	山田洋次	山田洋次 朝間義隆	栗原小巻	川谷拓三 アパッチけん
㊲	男はつらいよ 幸福（しあわせ）の青い鳥	S61・12	山田洋次	山田洋次 朝間義隆	志穂美悦子	長渕剛 有森也実
㊳	男はつらいよ 知床慕情	S62・8	山田洋次	山田洋次 朝間義隆	竹下景子	三船敏郎 淡路恵子
㊴	男はつらいよ 寅次郎物語	S62・12	山田洋次	山田洋次 朝間義隆	秋吉久美子	五月みどり 河内桃子
㊵	男はつらいよ 寅次郎サラダ記念日	S63・12	山田洋次	山田洋次 朝間義隆	三田佳子	鈴木光枝 三田寛子 尾美としのり
㊶	男はつらいよ 寅次郎心の旅路	H1・8	山田洋次	山田洋次 朝間義隆	竹下景子	柄本明 淡路恵子
㊷	男はつらいよ ぼくの伯父さん	H1・12	山田洋次	山田洋次 朝間義隆	後藤久美子	イッセー尾形 檀ふみ
㊸	男はつらいよ 寅次郎の休日	H2・12	山田洋次	山田洋次 朝間義隆	夏木マリ 後藤久美子	寺尾聰 宮崎美子

㊹	男はつらいよ 寅次郎の告白	H3・12	山田洋次	山田洋次 朝間義隆	吉田日出子 後藤久美子	山口良一 夏木マリ
㊺	男はつらいよ 寅次郎の青春	H4・12	山田洋次	山田洋次 朝間義隆	風吹ジュン 後藤久美子	永瀬正敏 夏木マリ
㊻	男はつらいよ 寅次郎の縁談	H5・12	山田洋次	山田洋次 朝間義隆	松坂慶子	城山美佳子 島田正吾 光本幸子
㊼	男はつらいよ 拝啓車寅次郎様	H6・12	山田洋次	山田洋次 朝間義隆	かたせ梨乃	牧瀬里穂 小林幸子
㊽	男はつらいよ 寅次郎紅（くれない）の花	H7・12	山田洋次	山田洋次 朝間義隆	浅丘ルリ子 後藤久美子	夏木マリ 田中邦衛
㊾	男はつらいよ 寅次郎ハイビスカスの花 特別篇	H9・11	山田洋次	山田洋次 朝間義隆	浅丘ルリ子	江藤　淳
㊿	男はつらいよ お帰り 寅さん	R1・12	山田洋次	山田洋次 朝原雄三	浅丘ルリ子 後藤久美子	夏木マリ 池脇千鶴 桜田ひより

年表

年	寅さん	政治・社会	映画
S.44 (1969)	●寅次郎、帰還す。① ●妹さくらが博と結婚。① ●さくらと博夫婦に満男誕生。② ●寅次郎、京都にて生き別れていた実母に会う。②	●昭和43年度の国民総生産が世界第2位と発表される。 ●米宇宙船アポロ11号月面着陸す。 ●〝モーレツ〟が流行語となる。	●『風林火山』『御用金』『人斬り』など時代劇復興。 ●大谷竹次郎、市川雷蔵、三浦光子、成瀬巳喜男没。
S.45 (1970)	●寅次郎、伊勢・湯の山温泉で番頭を。③ ●とらや一家ハワイ旅行を逸す。④ ●寅次郎、千葉・浦安の豆腐屋で働く。⑤	●日本万国博覧会、大阪で開催。 ●日本赤軍、日航機「よど号」をハイジャックす。 ●三島由紀夫割腹自殺す。	●東京・京橋に東京国立近代美術館フィルムセンター開館。 ●人形町の寄席・末廣廃業。 ●榎本健一、円谷英二、内田吐夢、月形龍之介没。 **■『家族』公開。**
S.46 (1971)	●博、独立を目指すが……。⑥ ●寅次郎の母・菊、京都より上京。⑦	●1ドル＝360円の固定相場制終わる。 ●横綱・大鵬引退す。	●大映倒産。 ●徳川夢声、山茶花究、桂文楽（八代目）、左卜全、横山エンタツ、

	●博の実母死す。寅次郎、備中高梁へ。⑧		重宗和伸没。
S.47 (1972)	●寅次郎、金沢で歌子と知り合う。⑨ ●寅次郎、信濃路にて登と再会。⑩	●冬季オリンピック札幌大会開催。 ●田中角栄首相訪中、国交回復。 ●沖縄返還。 ●〝パンダブーム〟となる。	●日活ロマンポルノ騒動起こる。 ●藤純子引退す。 ●飯田蝶子、北竜二、伊志井寛、薄田研二、川頭義郎、柳家金語楼、上田吉二郎没。 ■『故郷』公開。
S.48 (1973)	●満男、幼稚園へ通う。⑪ ●寅次郎、網走で歌手のリリーとめぐり逢う。⑪ ●とらや一家九州旅行す。寅次郎は留守番。⑫	●ベトナム和平協定調印。 ●第一次石油ショック。 ●金大中事件。 ●〝ハイセイコーブーム〟。	●東映やくざ映画が実録シリーズ主流に。 ●三島雅夫、織田政雄、菅井一郎、南都雄二、若水ヤエ子、早川雪洲、菊田一夫、古今亭志ん生(五代目)、浪花千栄子没。
S.49 (1974)	●寅次郎、津和野で未亡人・歌子と再会。⑬ ●寅次郎、呼子で赤ん坊を預かる。⑭	●田中首相、金脈問題で退陣。 ●長嶋茂雄、現役引退、巨人監督就任。	●『エクソシスト』大ヒットす。 ●坂本武、花菱アチャコ、田坂具隆、山本嘉次郎没。

S.50 （1975）	S.51 （1976）	S.52 （1977）
●寅次郎、離婚したリリーと函館で再会。⑮ ●寅次郎、学問の道を志す。⑯ ●寅次郎、山形・寒河江の知人の墓にまいる。⑯	●満男、小学校入学。⑰ ●寅次郎、兵庫・龍野で芸者・ぼたんと意気投合。⑰ ●寅次郎、綾の死に遭遇す。⑱	●寅次郎、四国大洲の殿様の寵愛を受く。⑲ ●寅次郎、長崎・平戸島で藤子の家に寄宿。⑳
●新幹線、博多まで開通す。 ●エリザベス英女王夫妻来日。 ●広島カープ初優勝。	●ロッキード事件で田中前首相逮捕。 ●鹿児島で五つ子誕生。 ●毛沢東中国共産党主席死す。	●領海12カイリ、漁業水域200カイリに。 ●日本赤軍、日航機をハイジャック。 ●青酸コーラ無差別殺事件。
●東映太秦映画村開村。 ■『同胞』公開。 ●宝塚歌劇『ベルサイユのばら』長谷川一夫演出で舞台化、大ヒットす。 ●坂東三津五郎（八代目）、守田勘彌、加東大介、三隅研次、清水将夫没。	●家城巳代治、細川ちか子、石山健二郎、星十郎、古今亭今輔、大宮敏充、ジャン・ギャバン没。	●C・チャップリン死す。 ●田中絹代、豊田四郎、渡辺篤、近衛十四郎、高田稔、進藤英太郎、望月優子、城戸四郎、エルヴィス・プレスリー没。 ■『幸福の黄色いハンカチ』公開。

S.53（1978）	S.54（1979）
●寅次郎、阿蘇の山里で尊敬を受ける。㉑ ●信州で博の父・飈一郎に会い、木曽を旅する。㉒	●寅次郎、北海道・支笏湖で知り合ったひとみの仲人を務む。㉓ ●満男、英語塾に通う。㉔ ●とらやにアメリカ人の下宿人。㉔
●新東京国際空港開港。 ●日中平和友好条約調印。 ●植村直己単独北極点到達。 ●江川卓、巨人軍と電撃契約。	●第一回共通一次学力試験実施。 ●東京サミット開催。 ●ソ連軍、アフガニスタンに侵入。 ●インベーダーゲーム大人気。
●横溝正史ブーム。 ●『スター・ウォーズ』大ヒット。 ●佐野周二、田宮二郎、花柳喜章、河野秋武、中平康、大蔵貢、桂文治(九代目)、シャルル・ボワイエ没。	●ジョン・ウェイン死す。 ●テレビ局による映画製作増加。 ●水谷八重子、三井弘次、植村謙二郎、野村浩将、三遊亭圓生(六代目)、春風亭柳橋(六代目)、藤本真澄、森岩雄、H・ホークス、J・ルノワール没。

S.55（1980）	S.56（1981）	S.57（1982）
●リリー、沖縄で倒れる。沖縄へ向かった寅次郎、リリーを看病す。㉕ ●博夫婦、念願のマイホーム購入す。㉖ ●北海道・江差で仲間の死を知り奥尻島へ墓参りに。㉖	●瀬戸内海の小島で知り合ったふみと大阪で再会。㉗ ●寅次郎、福岡・甘木市秋月に仲間を見舞う。㉘	●寅次郎、丹後でかがりと再会。㉙ ●大分で知り合った三郎と螢子の恋をとりもつ。㉚
●大平正芳首相急死す。 ●モスクワ・オリンピック開催。日本、アメリカ、中国、西ドイツなどは不参加。 ●王貞治、野村克也現役引退。長嶋監督辞任。	●中国残留孤児初の正式来日。 ●米大統領にR・レーガン。 ●『窓ぎわのトットちゃん』大ベストセラー。	●東北・上越新幹線開通す。 ●フォークランド紛争起こる。 ●三越事件。 ●ホテル・ニュージャパン火災。
●山口百恵引退声明。 ●『影武者』カンヌ国際映画祭グランプリ。 ●嵐寛壽郎、東山千栄子、越路吹雪、伊藤雄之助、稲垣浩、渋谷実、S・マックィーン、A・ヒッチコック、D・ジャンセン没。 ■『遙かなる山の呼び声』公開。	●この年より「映画の日」料金半額に。 ●木村功、伴淳三郎、五所平之助、伊藤大輔、中村登、渡辺邦男、川喜多長政、ルネ・クレール、W・ホールデン、N・ウッド没。	●志村喬死す。 ●佐分利信、中村翫右衛門（三代目）、三益愛子、江利チエミ、衣笠貞之助、斎藤寅次郎、岸田森、I・バーグマン、グレース・

		●五百円硬貨発行される。	ケリー、W・オーツ、R・シュナイダー、H・フォンダ没。
S.58（1983）	●寅次郎、歌手のはるみと佐渡を旅する。㉛ ●博の父・飈一郎の三回忌。㉜ ●寅次郎、岡山で代理坊主となり経を読む。㉜ ●博、父の遺産を社長の工場に全額投資。㉜	●ロッキード事件で田中元首相に有罪判決。 ●大韓航空機、ソ連軍機に撃墜される。 ●『おしん』ブーム。	●『楢山節考』カンヌ国際映画祭グランプリ。 ●片岡千恵蔵、中村鴈治郎（二代目）、小杉勇、桑山正一、河津清三郎、金子正次、沖雅也、山本薩夫、和田夏十、寺山修司、R・ブニュエル、R・リチャードソン、D・ニブン、ルイ・ド・フュネス、モーリス・ロネ没。
S.59（1984）	●満男、中学へ入学す。㉝ ●社長の娘・朱美結婚。㉝ ●寅次郎、堅気になった登と盛岡で再会。㉝ ●ふじ子の夫を捜しに鹿児島を旅す。㉞	●ロサンゼルス・オリンピック開催。 ●江崎グリコ社長誘拐事件。 ●〝ロス疑惑〟騒動。 ●新しい紙幣が発行される。	●東京国立近代美術館フィルムセンターで火災。 ●長谷川一夫、柳永二郎、大川橋蔵、黒川弥太郎、内田良平、中川信夫、森谷司郎、フランソワ・トリュフォー没。

S.60 （1985）	S.61 （1986）	S.62
●寅次郎、長崎・五島列島で老婆の死をみとる。㉟ ●朱美失踪、下田でつかまえた寅次郎、朱美と伊豆・式根島へ向かう。㊱	●寅さんご贔屓の旅芸人一座・座長（中村菊之丞）死す。その娘・美保と福岡・飯塚で再会。㊲	●おいちゃん、肺炎で入院。㊳ ●寅次郎、北海道・知床でやもめの恋をとりもつ。㊳
●科学万博、筑波で開催。 ●日航ジャンボ機、群馬山中に墜落。 ●男女雇用機会均等法成立。 ●ソ連共産党書記長がM・ゴルバチョフに。 ●阪神タイガース優勝。 ●豊田商事事件。	●フィリピンのマルコス政権崩壊す。 ●三井物産マニラ支店長、誘拐事件。 ●チャールズ皇太子、ダイアナ妃来日。	●国鉄、分割・民営化でJRに。 ●竹下内閣成立。 ●衣笠祥雄、国民栄誉賞。
●第一回東京国際映画祭開催。 ●宮口精二死す。 ●笠置シヅ子、小池朝雄、夏目雅子、大友柳太朗、天知茂、鈴木澄子、若山セツ子、鈴木傳明、永田雅一、加藤泰、浦山桐郎、牛原虚彦、渡辺祐介、O・ウェルズ、ユル・ブリンナー、シモーヌ・シニョレ没。	●大映京都撮影所閉鎖す。 ●吉田義夫、和田浩治、神田隆、小山田宗徳、古川勝巳、島耕二、J・キャグニー、S・ヘイドン、D・リード、O・プレミンジャー、ビンセント・ミネリ没。 **■『キネマの天地』公開。**	●石原裕次郎死す。 ●鶴田浩二、有島一郎、トニー谷、栗島すみ子、北上弥太朗、川口

S.62 (1987)	S.63 (1988)
●満男、高校生に。㊴ ●寅次郎、少年の母を捜して、和歌山、吉野、伊勢・志摩へ。㊴	●満男、大学受験をひかえる。㊵ ●寅次郎、信州の女医・真知子に恋心を抱く。㊵
	●ソウル・オリンピック開催。 ●リクルート事件。 ●昭和天皇、御病状悪化す。 ●横綱・千代の富士53連勝。
浩、亀井文夫、F・アステア、D・ケイ、R・スコット、リー・マーヴィン、リノ・ヴァレンチュラ、リタ・ヘイワース、J・ヒューストン、M・ルロイ、D・サーク、B・フォッシー没。	●3500円の名作ビデオ登場。 ●渥美清、紫綬褒章を受ける。 ●東八郎、宇野重吉、加藤嘉、中村勘三郎(十七代目)、小沢栄太郎、ゲルト・フレーベ、トレバー・ハワード、M・オークレール、J・ローガン没。 ■『ダウンタウンヒーローズ』公開。

H.1 （1989）	●寅次郎、初めての海外旅行でウィーンへ。㊶ ●浪人生活の満男、後輩の泉に恋をする。㊷	●昭和天皇崩御。 ●皇太子明仁親王殿下、新天皇に即位。新元号、平成。 ●宇野宗佑内閣成立。 ●海部俊樹内閣成立。	●殿山泰司、辰巳柳太郎、浦辺粂子、松田優作、ローレンス・オリビエ、ベティ・デイヴィス没。
H.2 （1990）	●満男、大学に合格。㊸ ●寅次郎、泉の母・礼子に恋心を抱く。㊸	●即位の礼。 ●名目GNP初の400億円突破。 ●秋篠宮様・紀子様ご成婚。 ●ソ連・初代大統領ゴルバチョフ選出。 ●東西ドイツ統合	●ソニーの米コロンビア買収、松下電器産業の米MCA買収。 ●成田三樹夫、藤山寛美、高峰三枝子、小暮実千代、初井言榮、グレタ・ガルボ、サミー・デイヴィス・Jr.、レックス・ハリスン、アイリーン・ダン没。
H.3 （1991）	●泉、家出し、鳥取で寅次郎と会う。㊹ ●寅次郎、かつての想い人・聖子が未亡人となっていることを知る。㊹	●宮沢喜一内閣成立。 ●横綱・千代の富士引退。 ●中東・湾岸戦争。 ●バブル経済の崩壊が始まる。	●松山英太郎、上原謙、ジーン・アーサー、F・キャプラ、D・リーン没。 ■『息子』公開。

H.4（1992）	H.5（1993）	H.6（1994）
●寅次郎、宮崎で足をくじく。㊺ ●泉と満男、恋に終止符を打つ。㊺	●就職活動中の満男が、博と喧嘩して家出。㊻ ●寅次郎、満男を探しに瀬戸内海の琴島に出向き、満男が居候する家の娘・葉子に恋心を抱く。㊻	●満男、長浜在住の大学の先輩・信夫から妹の菜穂を紹介される。㊼ ●寅次郎、琵琶湖のほとりで典子と出会う。㊼
●学校の週休二日制が始まる。 ●尾崎豊死去。 ●バルセロナ・オリンピック開催。	●皇太子徳仁親王殿下・雅子様ご成婚。 ●細川護熙連立内閣成立。 ●北海道南西沖地震。	●羽田孜内閣成立するも64日で退陣、村山富市内閣成立。 ●関西国際空港開港。 ●北海道東方沖地震。 ●松本サリン事件。
●岡田嘉子、若山富三郎、太地喜和子、五社英雄、マレーネ・ディートリッヒ、アルレッティ、A・パーキンス没。	●笠智衆、マキノ雅弘、オードリー・ヘプバーン、リバー・フェニックス没。 **■『学校』公開。**	●片岡仁左衛門（十三代目）、東野英治郎、千田是也、乙羽信子没。

H.7（1995）	H.8（1996）	H.30（2018）
●寅次郎、震災時に神戸におり、ボランティアをする。㊽ ●満男、泉の結婚式を妨害し、中止に追い込んでしまう。㊽ ●寅次郎、奄美大島のリリーの家に居候。満男と再会。㊽ ●満男、泉に愛を告白する。㊹		
●阪神・淡路大震災。 ●東京都知事・青島幸男、大阪府知事・横山ノック就任。 ●東京地下鉄サリン事件。オウム真理教強制捜査。	●橋本龍太郎内閣成立。 ●在ペルー日本大使公邸人質事件。	●冬季オリンピック平昌大会開催。 ●西日本豪雨で、死者220人を超える。
●神代辰巳、佐藤肇、尾上梅幸（七代目）、岡田英次、川谷拓三、ゲイリー・クロスビー没。	●渥美清、死す。 ●嵐芳三郎（六代目）、小林昭二、沢村貞子、ジーン・ケリー、マルチェロ・マストロヤンニ没。 **■『学校II』『虹をつかむ男』公開。**	●『男はつらいよ』50作目に当たる新作映画を製作し、2019年公開することが発表される。

H.30 (2018)		●北海道胆振東部地震。	●夏木陽介、大杉漣、左とん平、朝丘雪路、西城秀樹、星由里子、加藤剛、津川雅彦、菅井きん、樹木希林、角替和枝、赤城春恵、浅利慶太、高畑勲没。 ■**『妻よ薔薇のように』『家族はつらいよIII』公開。**
H.31、R.1 (2019)	●小説家になった満男、著書のサイン会で泉と再会する。㊿	●皇太子・徳仁親王殿下、新天皇即位。新元号、令和。 ●ラグビーワールドカップ日本開催。	●市原悦子、佐々木すみ江、内田裕也、萩原健一、京マチ子、八千草薫、佐藤純彌、降旗康男没。 ■**12月27日、50作目『男はつらいよ　お帰り 寅さん』公開。**

作者紹介

山田洋次（やまだ　ようじ）

1931年大阪府生まれ。東京大学を卒業後、松竹入社。『二階の他人』で監督デビュー。1969年『男はつらいよ』シリーズ開始。他に代表作として『家族』、『故郷』、『同胞』、『幸福の黄色いハンカチ』、『息子』、『学校』、『たそがれ清兵衛』、『家族はつらいよ』など多数ある。96年に紫綬褒章・朝日賞、2002年に勲四等旭日小綬章、04年に文化功労者、12年に文化勲章受章。

朝間義隆（あさま　よしたか）

1940年宮城県生まれ。上智大学を卒業後、松竹に入社。第7作以降、山田洋次監督と共に『男はつらいよ』シリーズの脚本を手掛ける。『遙かなる山の呼び声』、『同胞』、『幸福の黄色いハンカチ』、『たそがれ清兵衛』などでも山田監督と共同で脚本を担当。『幸福の黄色いハンカチ』で第51回キネマ旬報脚本賞、第1回日本アカデミー賞最優秀脚本賞、『たそがれ清兵衛』で第26回日本アカデミー賞最優秀脚本賞を受賞。

共同脚本

【第1作】**森崎　東**

【第2、3作】**小林俊一**

【第2、3、4、5、6、11作】**宮崎　晃**

【第24作】**栗山富夫**

※この作品には、現在では差別的とされる表現を含む箇所も一部ありますが、放映された時代をうつす言葉と考え、そのまま掲載しました。

本書は、1993年12月にPHP文庫として刊行された『男はつらいよ　寅さんの人生語録』を改題し、加筆・修正・再編集したものである。

制作協力・写真提供――松竹株式会社
編集協力――武藤郁子
本文デザイン――諸橋藍

PHP文庫　男はつらいよ　寅さんの人生語録　改

2019年12月13日　第1版第1刷
2025年5月1日　第1版第6刷

作　者	山田洋次
	朝間義隆
編　者	寅さん倶楽部
発行者	永田貴之
発行所	株式会社ＰＨＰ研究所

東京本部　〒135-8137　江東区豊洲5-6-52
ビジネス・教養出版部　☎03-3520-9617（編集）
普及部　☎03-3520-9630（販売）
京都本部　〒601-8411　京都市南区西九条北ノ内町11

PHP INTERFACE　https://www.php.co.jp/

印刷所
製本所　大日本印刷株式会社

ISBN978-4-569-76979-0

PHP文庫

滑稽・人情・艶笑・怪談……

古典落語100席

立川志の輔 選・監修／PHP研究所 編

夫婦愛、親子愛、隣近所の心のふれ合い。人気落語家の立川志の輔が庶民が織りなす笑いのドラマ100を厳選。古典落語入門の決定版。